KB116965

불황을 극복하는 힘

박응순 지음

엘맨
하나님의 사랑을 만들어 가는 ELMAN

불황을 극복하는 힘

박웅순 지음

엘맨
하나님의 사람을 만들어 가는 ELMAN

절망에서 희망으로

시인 송기봉

주안중앙교회 장로, 문학가
한국문인협회 회원, 한국현대문학작가 연합회 동인
저서 : 장편소설 - 하얀 눈위에 발자국

어느 날

세상은 너나 할 것 없이 코로나로 인해

누가 먼저 절망하는가 내기를 하며

후들 거린다

만남은 흩어 뿌림으로 변하고

그곳에서 각자의 방향으로 움츠려드니

마음은 점점 멀어져, 아우성치는 외침의 소리에

귀하나 열어놓고 낙심과 한탄과 포기를

블랙홀의 구멍으로 빠르게 거두어들이는 딴 세상을 보라

희망의 날개를 달아

원 없이 달려가는 그 원동력이 보이는가

누가 저리 하겠는가

누가 이 시대를 거슬려 외침을 하겠는가

이판과 저판이 다르고 이승과 저승이 다르듯이

끝이 보이지 않는 대열에서 한 세계를 노래하노니

오라, 봐라, 들어라, 먹어라, 잉태하라

그리고 행복하라

우리는

하나님의 방식으로 시작하여

하나님의 방식으로 모든 것이 끝나나니

하나님과 함께 탄 시간이 영원하리라

머리말

　인생의 성공과 실패는 생각의 차이입니다. 인생 가운데서 만나는 불황이나 위기를 동굴로 생각하지 말고 터널로 생각해야 합니다. 터널은 끝이 있고, 밝은 태양과 파란 하늘을 다시 볼 기회가 있습니다.

　우리는 희망을 잃지 말고 살아야 합니다. 로버트 슐러 박사는 "불가능한 일이 존재하는 것이 아니라 불가능하다는 생각이 존재한다"라고 했습니다. 시대가 아무리 어렵고 환경이 답답해도 기회는 언제나 존재합니다.

　하나님의 섭리를 모르는 사람은 환난날에 비관하고 포기합니다. 그러나 인생의 위기에 하나님을 찾으면 하나님의 섭리가 깨달아집니다. 전능하신 하나님의 돕는 손길이 보입니다. 하나님의 능력으로 고통의 쓴물을 축복의 쓴물로 바꿀 수 있습니다.

말(speaking)과 말씀(word of God)은 다릅니다. 말은 의사소통의 수단이고 능력이 없습니다. 안개처럼 사라집니다. 말씀은 생명이고 능력입니다. 축복이고 하나님의 역사입니다. 말을 따라 살면 한숨과 걱정이 끊이지 않습니다. 징검다리를 건너듯이 불안과 염려가운데 살아갑니다. 결말이 좋지 않습니다.

그러나 말씀따라 살면 생명과 평안을 얻게 됩니다. 하나님과 동행하고 안전할 수 있습니다. 불황을 극복할 수 있습니다. 위기를 기회로 만들 수 있습니다. 축복을 경험하게 됩니다.

이 책은 학문 연구가 아닙니다. 철학적 사변이 아닙니다. 목회자로서 말씀을 깊이 묵상하고 사색한 결과물입니다. 하나님의 은혜로 출간된 이 책을 통하여 지금 우리가 당면한 신앙과 인생의 다양한 문제에 대한 답을 찾게 되기를 기대합니다. 그래서 위기가 기회로, 절망이 소망으로, 불황에서 호황으로, 저주에서 축복으로, 눈물이 웃음으로, 탄식이 감사의 노래로 바뀌어지기를 소망합니다.

이 책을 출판에 있어 목회의 동반자인 최정애 사모와 멀리 호주에 있는 사랑하는 딸 하영이를 기억해 두고 싶습니다. 주안중앙교회 장로님들과 사랑하는 성도님들과 교역자들, 그리고 편집진으로 정성을 다해 애써주신 엘맨출판사 이규종 장로님과 수고하신 모든 직원분들게 감사를 드립니다.

모든 영광을 하나님께 돌립니다.

2022년 2월
주안중앙교회 목양실에서
박응순 목사

목차

요즘 많은 사람들이 IMF 경제 위기 때보다도 더 살기가 힘들다고 말하며 불안해 하고 근심을 합니다. 입만 열면 온통 정치적인 위기, 경제적인 위기라고 말합니다. 실업자는 늘어나고 인간적으로 볼 때는 희망이 없어 보입니다. 이렇게 경제 활동이 전반적으로 침체되는 상태를 불황이라고 합니다.

살다가 보면, 때로는 생각지도 못했던 문제가 생겨서 실망과 낙심에 빠지기도 하고, 내가 계획해서 가던 길이 막히는 일도 많습니다. 경제 사정이 힘들어지면 사람들의 마음이 불안해지고, 불평과 원망이 터져 나옵니다. 이럴 때 우리는 어떤 자세를 가지고 이겨 나가야 할까요?

내게 닥친 불황(不況)을 극복하려면

누가복음 5장 1절에서 7절을 보면, 불황에 직면했을 때 우리가 어떤 마음 자세를 가지고 살아가야 하는지 잘 가르쳐 주고 있습니다.

베드로는 가난한 어부였습니다. 부모에게 물려받은 재산이 없었고, 모아 놓은 재산도 없어서 하루 벌어 하루 먹고 사는 사람이었습니다. 갈릴리 바다에서 고기를 잡아 팔아 겨우겨우 살아가는데, 그나마 낮에는 고기를 잡을 수가 없었습니다. 물이 너무 맑아 그물을 던지면 고기들이 그물이 내려오는 것을 보고 도망가기 때문이었습니다. 그래서 그는 낮에는 자고 밤에는 밤새도록 물고기를 잡을 수밖에 없었습니다.

그날도 베드로는 평상시처럼 낮에 자고 저녁에 일어나 배를 타고 호수 한가운데로 가서 열심히 그물을 던졌습니다. 아무리 열심히 그물을 던져도 부자가 될 가능성은 없었고, 그저 먹고 사는 정도였습니다. 바다 위에 어른거리는 식구들의 얼굴을 바라보며 열심히 그물을 던졌지만 빈 그물이었습니다. 몇 마리라도 잡아서 입에 풀칠이라도 할 수 있으리란 기대도 먼동이 트면서 사라져버렸습니다.

이제나 저제나 고기를 잡아 오기만 기다릴 식구들을 생각하니 가슴 속에 한숨과 낙심과 절망이 찾아왔습니다. 그래도 내일은 또 고기를 잡을 수 있으리란 희망을 붙들고 자기 생명과 같은 그물을 물에 씻고 있었습니다.

바로 그때, 웅성거리는 말소리에 고개를 들어보니 예수라는 선생님이 많은 사람들과 함께 호숫가로 걸어오고 있었는데, 사람들이 너무 많아 더 이상 앞으로 갈 데가 없어서 배드로에게 "배 좀 빌려주시오. 그리고 호수 앞으로 조금만 띄워주시오."라고 부탁했습니다. 엉겁결에 예수님을 배로 모시게 된 베드로는 노를 저어서 예수님 말씀대로 배를 육지에서 조금 떨어지게 했습니다. 예수님은 배에 앉아서 모인 사람들에게 말씀하시기 시작했습니다.

처음에는 어쩔 수 없어서 마지못해 듣고 있었는데, 예수님의 말씀을 듣고 보니 그 말씀들이 날카로운 비수같이 마음속 깊이 파고들어서 귀를 바짝 기울이게 되었습니다.

고기를 한 마리도 못 잡은 사실도, 배고픈 것도, 가족들에 대한 걱정도 다 잊어버리고 주님 말씀에 도취되었고, 자기도 모르는 사이에 마음속에 믿음과 소망이 차오르기 시작했습니다. 그때 예수님이 베드로에게 "베드로야! 배를 저어 깊은 곳으로 가서 그물을 던져 고기를 잡으라."고 말씀하셨습니다.

상식적으로 생각하면 예수님의 말씀은 어처구니가 없는 말씀이었습니다. 갈릴리 호수는 날이 밝으면 고기를 잡을 수 없다는 것은 어린애들도 다 아는 사실인데, 어부도 아닌 예수님께서 그것도 벌건 대낮에 깊은 곳에 가서 그물을 내려 고기를 잡으라 하시니 기가 막힌 얘기였습니다.

보통 때 같으면 베드로는 예수님 말씀을 따르지 않았을 것입니다. 그러나 예수님의 말씀을 듣고 마음속에 불황이 사라지고 믿음과 소망이 넘쳐나자 인간적인 생각을 모두 버리고 예수님 말씀에 순종해서 배를 저어 깊은 곳으로 갔습니다. 그리고 "예수님! 제가 밤새도록 그물을 던졌지만 한 마리도 잡지 못했는데, 주님 말씀대로 한 번 그물을 내려 보겠습니다." 하고 그물을 던졌습니다. 그랬더니 얼마나 많은 고기가 잡혔던지, 그물이 찢어질 정도로 많이 잡혔습니다. 자기 배에 가득 싣고도 남아서 친구들을 불러서 두 배에 가득 잡는 기적이 일어났습니다.

그 순간, 베드로의 인생이 변화되었습니다. 왜냐하면 예수님 안에서 운명과 환경을 변화시키는 살아계신 하나님의 기적을 체험했기 때문입니다.

불황을 만나 염려와 근심, 불안으로 초조해하는 우리가 어떻게 불황을 극복할 수 있을까요?

마음에 다가온 불황을 쫓아내야 한다.

"호숫가에 배 두 척이 있는 것을 보시니 어부들은 배에서 나와서 그물을 씻는지라"(눅5:2).

환경적인 불황은 항상 마음의 불황을 가져오게 해서 사람들을 망하게 만듭니다. 아무리 비바람이 치고 파도와 눈보라가 쳐도 마음에 예수님이 계시는 사람은 결코 쓰러지지 않습니다.

"사람의 심령은 그의 병을 능히 이기려니와 심령이 상하면 그것을 누가 일으키겠느냐"(잠18:14).

우리의 환경과 운명은 마음속에 믿음만 있으면 언제든지 변화시킬 수 있습니다. 그러나 환경의 불황은 우리의 믿음을 빼앗아 가고, 내일에 대한 소망을 빼앗아 가고, 하나님에 대한 사랑과 사람들에 대한 사랑을 빼앗아 가서 모든 것이 끝장나게 됩니다.

1930년대 미국을 중심으로 전 세계에 무서운 경제 대공황이 다가왔습니다. 수많은 기업들이 무너지고, 회사들이 문을 닫고, 은행들이 파산하고, 직업을 잃은 수많은 사람들이 길거리로 쏟아져나와 방황하고 굶어 죽고 그저 아비규환이었습니다. 미국을 비롯한 전 세계에 왜 경제 대공황이 다가온 줄 아시나요?

경제 공황이 갑자기 다가온 것이 아닙니다. '경제가 어려워진다. 큰일 났다, 기업들이 모두 파산했다, 은행에 예금한 돈을 빨리 찾지 않으면 한 푼도 찾지 못한다'는 소문이 쫙 퍼졌습니다. 사람들의 마음에 불안과 불신과 절망, 초조와 공포가 들어와서 마음에 공황을 유발시켰습니다.

수많은 사람들이 은행 창구에 몰려와서 너도나도 예치한 돈을 모조리 다 찾아가고, 은행은 문을 닫았습니다. 그러자 은행에서 대출한 돈으로 겨우 돌아가던 공장들도 문을 닫게 됐습니다. 실직자들이 길거리에 홍수처럼 쏟아져 나왔고, 수많은 사람들이 자살해 죽는 불행이 1930년에 역사상 가장 비극적인 경제 대공황이 전 세계를 휩쓸게 된 것입니다.

이때 대통령으로 당선된 루즈벨트 대통령은 라디오 프로그램을 신설하고, 매일 저녁 시간마다 '우리는 불황을 극복할 수 있습니다'는 믿음을 국민들의 가슴에 끊임없이 넣어주었고, 내일에 대한 소망을 넣어주고, 사랑을 넣어주었습니다.

그러자 국민들의 마음에 내일에 대한 믿음과 소망, 사랑이 넘치게 되어 다시 돈을 은행에 예금을 하게 됐고, 마침내 은행이 다시 일어나고, 공장들이 다시 돌아가고, 다시 번창하게 되어 불황을 극복하게 됐습니다.

불황 중에 제일 무서운 것이 마음의 불황입니다. 아무리 큰 어려움이 오고 절망의 문제가 다가와도 마음에 "할 수 있거든이 무슨 말이냐 믿는 자에게는 능히 하지 못할 일이 없느니라"는 믿음이나, 내일에 대한 소망과 확신, 삶에 대한 사랑이 있으면, 어떤 난관도 능히 극복할 수 있는 힘이 생기는 것입니다.

우리의 마음과 생각에 부정적인 것을 모두 버려야 합니다. '안된다, 못한다, 할 수 없다, 절망이다, 끝났다'는 생각을 버려야 합니다. 이러한 생각들이 마음에 있으면 개인이나 가정이나 기업이나 나라는 모두 망합니다. 우리에게 어떤 어려움이 다가온다 할지라도 마음에 불황이 다가오지 않는 이상, 우리는 그 시련을 능히 이겨낼 수 있습니다.

오늘 제가 여러분에게 드리고 싶은 말은, 경제적인 불황이 와도 여러분의 마음에 불황이 다가오지 않는다면 반드시 해결된다는 것입니다. 아무리 정치적으로나 경제적으로, 사회적으로 타락하고 문제가 많이 있다 해도 우리의 심령에 영적인 부흥이 일어난다면, 모든 문제는 반드시 해결됩니다.

불황을 극복한 방법

"호숫가에 배 두 척이 있는 것을 보시니 어부들은 배에서 나와서 그물을 씻는지라, 예수께서 한 배에 오르시니 그 배는 시몬의 배라 육지에서 조금 떼기를 청하시고 앉으사 배에서 무리를 가르치시더니, 말씀을 마치시고 시몬에게 이르시되 깊은 데로 가서 그물을 내려 고기를 잡으라, 시몬이 대답하여 이르되 선생님 우리들이 밤이 새도록 수고하였으되 잡은 것이 없지마는 말씀에 의지하여 내가 그물을 내리리이다 하고, 그렇게 하니 고기를 잡은 것이 심히 많아 그물이 찢어지는지라"(눅5:2-6).

어머니는 병들어 누워있고, 처자식은 굶주린 배를 움켜쥐고 고기를 잡아 오기만 기다리는데, 답답하기만 했습니다. 불황에 처해 있는 베드로에게 경제 문제를 해결할 방법은 아무것도 없었습니다. 지금 당장 필요한 것은 누가 먹을 것을 주는 것입니다.

하나님 편에서 보면, 누가 먹을 것을 주는 것이 베드로가 겪고 있는 인생의 불황을 근본적으로 해결해주는 방법이 아닙니다. 그래서 예수님은 베드로의 배에 오르셔서 그곳에서 심령 대부흥회를 인도하신 것입니다.

종일 고기 한 마리 못 잡아서 굶고 있었지만, 베드로는 배에서 예수님을 모시고 부흥회를 하게 되었습니다. 이것이 바로 오늘 우리들의 문제를 해결하는 방법입니다.

여러분의 인생에 불황이 다가오면 모든 것을 중단하고 바로 심령 부흥회를 열어야 합니다. 여러분의 사업이 잘 안되고, 실직을 하고 모든 것이 끝장난 것 같아서 두 손, 두 발 다 들게 됐을 때, 그때가 온 가족이 함께 모여서, 전 직원이 함께 모여서 하나님 앞에 나와 베드로식 부흥회를 열 때입니다. 하나님 말씀을 듣고 깨닫고, 회개하며 기도할 때라고 생각해야 합니다.

나라에 경제 위기가 다가왔으면 온 국민이 이스라엘 민족이 미스바에 모여 심령부흥회를 하듯 우리도 심령부흥회를 열어야 합니다. 물질적인 불황과 환경적인 불황은 우리의 마음에 하나님에 대한 분명한 믿음을 가지면 능히 극복할 수 있습니다.

하나님은 불황을 당한 베드로에게 그저 돈 몇 푼 주셔서 그 문제를 해결하지 않으셨습니다. 예수님께서 직접 베드로에게 찾아오셔서 그의 가정에서 부흥회를 인도해주셨습니다.

오늘 여러분의 가정에 불황이 다가왔습니까? 그렇다면 예수님을 모시고 부흥회를 하십시오. 여러분의 사업에 부도가 나게 생겼습니까? 그렇다면 예수님을 모시고 부흥회를 하십시오. 하나님 말씀으로 충만해지고, 성령으로 충만해지고, 여러분의 마음에 믿음이 생기고, 확신이 생기고 내일에 대한 소망이 생기면 어떤 불황도 능히 이길 수 있습니다.

지금 우리에게 필요한 것은 종교나 의식이 아니라 하나님 말씀을 통해 성령의 불을 받아 우리의 마음에 믿음의 부흥이 일어나고, 소망의 부흥이 일어나고, 사랑의 부흥이 일어나는 것이 필요합니다. 우리의 삶에 가장 위대한 자원은 돈이나 명예나 권세가 아니라, 우리의 마음에 있는 하나님을 믿는 믿음입니다.

"예수께서 하나님의 아들이심을 믿는 자가 아니면 세상을 이기는 자가 누구냐"(요일 5:5).

이 세상을 살면서 우리들의 위대한 자원이 우리 속에 있음을 잊어선 절대 안 됩니다.

"모든 지킬 만한 것 중에 더욱 네 마음을 지키라 생명의 근원이 이에서 남이니라"(잠4:23).

죽고 사는 권세가 환경에 있지 않고 우리 마음에 있고, 흥하고 망하는 권세가 환경에 있지 않고 여러분의 마음에 있습니다. 예수 그리스도를 삶의 자원으로 삼고, 마음에 모시고 사는 사람은 어떤 환경과 상황 속에서도 결코 망하지 않습니다.

여러분의 삶에, 환경에 불황이 다가올 때 예수님을 모시고 심령부흥회를 열어 그 불황들을 거뜬히 극복할 수 있기를 바랍니다.

영적 부흥이 일어나면 하나님께서 하늘 문을 열고 놀라운 복을 주신다.

"시몬이 대답하여 이르되 선생님 우리들이 밤이 새도록 수고하였으되 잡은 것이 없지마는 말씀에 의지하여 내가 그물을 내리리이다 하고, 그렇게 하니 고기를 잡은 것이 심히 많아 그물이 찢어지는지라, 이에 다른 배에 있는 동무들에게 손짓하여 와서 도와 달라 하니 그들이 와서 두 배에 채우매 잠기게 되었더라"(눅 5:5-7).

하나님께서 우리에게 주시는 복은 어느 날 갑자기 하늘 문을 열고 쌀이나 돈, 금덩어리를 쏟아부어 주시는 것이 아닙니다. 우리 마음속에 불황이 사라지고 믿음과 소망, 사랑이 솟아나기 시작하면 하나님께서 불황을 능히 이겨나갈 수 있는 지혜와 능력을 주십니다.

"나의 하나님이 그리스도 예수 안에서 영광 가운데 그 풍성한 대로 너희 모든 쓸 것을 채우시리라"(빌4:19).

하나님께서 우리의 필요한 것들을 채워주실 때, 돈이나 쌀을 주시는 것이 아니라 지혜를 주시고 필요한 사람을 붙여주십니다. 우리에게 문제가 생겨도 그 문제를 해결할 수 있는 하나님의 지혜만 있다면 문제 될 것이 없습니다. 진짜 문제가 되는 것은 하나님이 주시는 지혜가 없다는 것입니다.

우리가 하나님을 믿고 은혜로 채우고, 성령으로 채우고, 믿음과 소망, 사랑으로 가득 채울 때 우리의 마음에 불황을 몰아내고 극복하고도 남을 하늘의 지혜를 주실 것입니다.

하나님이 주시는 지혜는 하나님 말씀을 읽고, 듣고, 묵상할 때 얻어집니다.

"이 예언의 말씀을 읽는 자와 듣는 자와 그 가운데에 기록한 것을 지키는 자는 복이 있나니"(계1:3).

세계적인 암 전문의인 원종수 박사는 집안이 무척 어려웠어요. 매일 새벽기도를 나가서 기도하는데, 하루는 하나님께서 '종수야, 종수야 내가 너에게 무엇을 줄꼬?' 물으셨어요. 그

때 그의 입에서는 '돈이요!'라는 말이 튀어나올려고 하는데, 주일학교에서 배운 솔로몬의 지혜가 떠올라서 "하나님! 지혜를 주세요"라고 했답니다. 새벽기도를 마치고 집에 가서 로마서를 읽는데, 하루에 로마서 16장이 다 외워진 거예요. 신기했어요. 그때 자기에게 '하나님께서 지혜를 주셨다는 확신'이 왔어요.

한 번은 학교에서 집으로 오는데 그날 공부한 것이 다 기억이 나는 거예요. 그가 대전에서 고등학교를 다녔는데, 전교에서 480명 중 350등을 하던 학생이 갑자기 5등을 하게 됐어요. 그리고 그해 서울대 의대를 수석으로 합격했습니다.

기도는 되는 대로 하면 안 됩니다. 말씀을 붙잡고 기도해야 합니다. 그는 지금 장로님이 되어서 미국 오크우드 병원 암 전문의로 세계에서 가장 유명한 의사가 되었습니다.

하나님이 주시는 지혜는 우리의 운명과 환경을 좋게 변화시킬 수 있습니다. 우리가 하나님께 무릎 꿇고 기도할 때 성공할 수 있는 지혜를 주시고 살 길을 열어주십니다.

"너희 안에서 행하시는 이는 하나님이시니 자기의 기쁘신 뜻을 위하여 너희에게 소원을 두고 행하게 하시나니"(빌2:13).

또 성령님이 인도하셔서 환경을 좋게 변화시켜 주십니다. 환경적인 불황을 만난 베드로에게 예수님이 찾아오셔서 말씀으로 충만하게 하셨습니다. 그리고, 은혜와 성령으로 충만하게 하신 호수 깊은 데로 가서 그물을 던져 고기를 잡는 아이디어를 주셨습니다.

베드로는 예수님의 말씀에 순종하여 그의 운명이 변화되고, 그의 삶이 변화되고, 그의 생활이 변화되는 기적이 일어났습니다. 오늘날도 하나님께서는 환경적인 불황을 만났을 때, 베드로처럼 예수님을 모시고 기도하고 예배를 드릴 때 하늘의 지혜를 주시고 능력을 주셔서 살 길을 열어주십니다.

하나님 말씀을 의지하여 나갈 때 다가온 불황을 극복하고 이길 수 있다.

"시몬이 대답하여 이르되 선생님 우리들이 밤이 새도록 수고하였으되 잡은 것이 없지마는 말씀에 의지하여 내가 그물을 내리리이다 하고, 그렇게 하니 고기를 잡은 것이 심히 많아 그물이 찢어지는지라"(눅5:5-6).

하나님께서 우리에게 지혜를 주시고 능력을 주셨다 해도 말씀을 의지하여 나가지 않으면 불황을 이길 수 없습니다. 베드로가 깊은 데로 가서 그물을 내려 고기를 잡으라는 예수님의 지혜를 받았지만, 그 말씀대로 순종하지 않았다면 두 배에 가득 찬 고기를 잡을 수 없었을 것입니다.

베드로가 환한 대낮에 배를 저어 깊은 곳으로 가려니까 지금까지 자신이 경험한 바 도저히 상식에 맞지 않았습니다. 친구들도 손가락질하고 비웃었습니다. 그래도 베드로는 예수님이 하신 말씀을 따라서 노를 저어 깊은 곳으로 가서 그물을 내렸습니다. 우리도 하나님으로부터 지혜를 얻었으면 믿고 행동으로 옮겨야 하나님의 기적을 체험하게 될 수 있는 것입니다. 우리도 베드로의 경험을 통해 주님의 말씀을 의지해서 우리에게 닥친 인생의 불황을 극복하고 승리할 수 있는 방법을 배워야 합니다.

"주의 말씀은 내 발에 등이요 내 길에 빛이니이다"(시119:105)

1930년대 미국에 경제대공황이 찾아왔을 때, 정말로 많은 회사와 공장이 문을 닫았습니다. 은행들도 빌려줄 돈이 없어 문을 닫고, 심지어 학교까지 문을 닫을 정도였습니다. 많은 사람들이 일자리를 잃고, 절망에 빠져 스스로 목숨을 끊기까지 했습니다. 그때 라코스라는 사람은 하나님께 기도해서 응답 받고, 자기가 가지고 있는 주식을 몽땅 팔고, 자기 전 재산을 다 정리해서 초고층 빌딩을 짓기 시작했습니다.

사람들은 라코스가 '미쳤다, 망했다'고 했습니다. 그러나 라코스는 3년에 걸쳐 가장 저렴한 인건비와 재료비로 전 세계에서 가장 유명한 고층 빌딩인 엠파이어 스테이트 빌딩을 지었습니다. 엠파이어 스테이트 빌딩은 라코스가 경제적으로 위기를 만났을 때 기회를 만들어 낸 것입니다.

시대가 아무리 어렵고, 환경이 아무리 척박해도 기회는 언제나 존재합니다. 세상에서 가장 값진 지혜인 성경을 통해 길을 찾고, 전능하신 하나님과 함께 그 길을 걸어가시기 바랍니다. 반드시 복되고 형통할 것입니다. 인생의 어려운 상황과 위기 속에서도 주님으로 인하여 담대하십시오. 승리할 것입니다. 잘 될 것입니다.

여러분의 환경에 불황이 다가왔다고 해서 낙심하지 말고, 절망하지 말고, 좌절하지 마십시오. 인간의 생사화복을 주관하시는 창조주 하나님이 바로 우리의 아버지입니다. 하나님을 믿고 하나님 앞에 나와 예수님을 모시고, 말씀을 듣고 기도해서 말씀 충만, 성령 충만, 은혜 충만 받아서 심령 부흥이 일어나면, 마음에 자리 잡고 있던 불황이 사라지고, 하나님이 주시는 믿음과 소망, 사랑이 충만하게 넘치게 될 것입니다.

여러분은 일평생 하나님을 삶의 자원으로 삼고 하나님의 지혜를 구해야 합니다. 사업을 하든 장사를 하든 직장생활을 하든, 말씀을 의지하여 그물을 내리시기 바랍니다. 그럴 때 하나님의 놀라운 기적이 임하여 불황을 능히 극복하고, 배에 가득히 고기를 잡는 복이 임합니다.

과정만 보고 낙심하지 말라

40대 초반의 미국 한 지방대학 교수인 슈나이더 교수는 느닷없이 재임용 탈락 통지서를 받고 실직하게 됐습니다. 우수한 성적으로 대학을 졸업하고 어디서나 인정받았지만, 생각지도 못하게 해고 통지서를 받았습니다.

슈나이더는 교수직에 대한 미련을 버릴 수가 없어서 2년간 101개 대학에 지원서를 냈지만 모두 거절당했습니다. 결국 집까지 팔아 겨우겨우 생계를 꾸리게 되었고, 급기야는 가난한 사람들에게 주는 정부 생계보조금까지 받게 되었고, 아직 세상에 나오지도 않은 아내 뱃속에 있는 아기를 입양보내야 할 정도로 어려운 지경에 처하게 됐습니다.

슈나이더는 하루하루를 분노와 좌절감 속에서 보냈고, 늘 자살할 궁리나 하면서 주변 사람들을 불안하게 했습니다. 노동자의 집안에서 태어나고 자랐기 때문에 슈나이더는 사회적으로 인정받는 대학교수라는 자리가 너무 소중했고, 너무 집착했습니다.

어느 날 갑자기 슈나이더는 자신이 그토록 중요시하는 사회적 명성 때문에 사랑하는 사람들을 절망 속으로 몰아넣고 있다는 사실을 깨달았습니다. 그리고는 그가 집착했던 모든 것을 버리고 가족의 행복을 위해 살아야겠다고 결심을 했습니다.

닥치는 대로 일을 하기 시작했고, 골프장 잡역부로, 건축 현장의 잡부로 땀 흘려 일하기 시작했습니다. 마침내 솜씨 좋고 성실한 목수 겸 페인트공 슈나이더로 다시 태어났습니다. 그리고 자신의 인생을 담은 '절벽 산책'이란 책을 내게 되었고, 베스트셀러 작가가 되었습니다.

누구나 인생을 살면서 삶의 절벽에 부딪힐 수 있습니다. 더 이상 나아갈 수도, 물러설 수도 없는 상황과 맞닥뜨린다면 어떻게 하시겠습니까?

　과정만 보고 낙심하거나 낙담하지 마십시오. 살다 보면 큰 시험을 당하기도 합니다. 정말 견디기 힘든 일을 당하면 낙심하고 좌절하여 하나님의 섭리와 사랑을 의심할 때도 있습니다. 그러나 지나고 보면 다 하나님의 놀라운 은혜와 복을 받는 과정임을 알게 될 것입니다.

　환난이나 고통이 오면, 그것을 이기지 못하고 낙심하기 쉬운 것이 우리 인간입니다. 그러나 믿음이란 어떤 역경이나 고난에 부딪힌다 해도 복된 미래를 바라보고 긍정적인 결과를 바라보는 것입니다.

　과정만 보고 낙심하지 말라.

　인생의 성공이나 복된 미래는 바라보지 않고, 고난과 시련이 닥치는 현실만 바라보고 낙심하지 말아야 합니다.

요셉은 아버지 야곱의 사랑을 독차지했습니다. 형들은 요셉을 시기해서 구덩이에 빠뜨려 죽이려 했습니다. 그래도 큰형이 불쌍히 여겨서 애굽의 장사꾼에게 팔아서 목숨을 건졌습니다. 애굽나라로 팔려 간 요셉은 보디발의 집에서 머슴살이를 했습니다. 성실하게 일을 잘하니까 주인에게 인정을 받았는데, 주인 보디발 장군의 아내가 요셉에게 성적 유혹을 하였습니다 요셉은 그 유혹을 뿌리치기 위해 붙잡힌 옷을 벗어 버리기까지 하면서 도망쳤지만, 강간하려고 했다고 누명까지 쓰고 억울하게 감옥에 갇히게 됐었습니다.

감옥에서 만난 관원이 꾼 꿈을 해몽해 주었는데, 그 관원이 해몽대로 감옥에서 나가면 요셉을 잊지 않겠다고 약속했지만 그 관원은 2년 동안이나 까맣게 그 사실을 잊어버리고 말았습니다.

세상 말로 말하면 요셉은 억세게 재수 없는 사람이었습니다. 하나님께도 버림받은 사람 같아 보였습니다. 그러나 힘들고 지루한 고난의 과정이 지난 다음에 요셉은 애굽의 국무총리가 됐습니다.

아버지 사랑을 받을 땐 색동옷을 입었지만 보디발의 집에서 머슴살이 할 때는 누더기 종의 옷을 입었고 감옥에서는 이름 대신 죄수 번호가 적힌 죄수복을 입었습니다. 그 모든 과정이 지난 후 그는 화려하고 영광스런 국무총리 옷을 입게 되었습니다.

요셉은 이런 고통과 시련, 역경의 과정을 거치면서도 결코 낙심하거나 좌절하거나 하나님의 섭리나 사랑을 의심하지 않았습니다. 아버지 야곱이 늙어 돌아가시고 장사를 지낸 후, 요셉의 형들은 그가 복수할까 봐 무서워 떨며 그에게 용서해 달라고 말할 때 이렇게 말했습니다.

"두려워하지 마소서 내가 하나님을 대신하리이까, 당신들은 나를 해하려 하였으나 하나님은 그것을 선으로 바꾸사 오늘과 같이 많은 백성의 생명을 구원하게 하시려 하셨나니, 당신들은 두려워하지 마소서 내가 당신들과 당신들의 자녀를 기르리이다"(창 50:19-21).

"하나님은 고난의 보자기에 복을 싸서 주신다"는 말이 있습니다. 축복의 결과를 믿음의 눈으로 바라보지 못하고 고난의 보자기, 즉 고난의 과정만 보고 낙심해선 안 됩니다. 믿음이란 언제나 현재의 고난을 보지 않고 긍정적인 결과와 긍정적인 미래를 바라보는 것입니다.

이스라엘 백성들이 애굽에서 나올 때, 애굽의 군대가 뒤쫓아오고, 앞에는 시퍼런 홍해가 가로막고 있어서 진퇴양난의 위기에 처했을 때, 전능하신 하나님, 살아계신 하나님을 바라보고 기도해야 하는데, 백성들은 지도자 모세를 원망하고 불평하며, 이젠 죽게 생겼다고 밤새도록 울었습니다. 모세는 울고불고하는 이스라엘 백성들에게 말하기를, "너희는 두려워하지 말고 가만히 서서 여호와께서 오늘 너희를 위하여 행하시는 구원을 보라 너희가 오늘 본 애굽 사람을 영원히 다시 보지 아니하리라."(출14:13)고 말했습니다.

하나님은 "내가 바로와 그 모든 군대와 그의 병거와 마병으로 말미암아 영광을 얻을 때에야 애굽사람들이 나를 여호와인 줄 알리라."고 말씀하셨습니다.

이스라엘 백성들의 절망의 조건이 하나님께는 영광 받으실 조건이 된다는 말씀입니다. 하나님 말씀대로 애굽 군대는 바다에 장사지내고, 이스라엘 백성들은 하나님의 큰 구원을 체험하고 하나님께 영광을 돌리게 되었습니다.

내 인생에 닥친 연단과 고난의 과정만 보고 낙심하거나 좌절하지 말고, 긍정적인 미래를 바라보아야 합니다. 이것이 진짜 믿음입니다.

가난한 여인이 있었습니다. 그녀는 기르는 닭이 알을 낳으면 그 달걀을 모아서 시장에 내다 팔아서 생활을 꾸려갔습니다.

하루는 빙판길에서 달걀 수레를 끌고 가다가 그만 미끄러져 넘어지면서 손수레가 언덕 아래로 굴러떨어져 달걀을 모두 깨뜨리고 말았습니다. 게다가 그날 싣고 가던 달걀은 그녀가 가지고 있던 돈을 몽땅 털어서 산 것이었습니다.

동네 사람들은 너무 가난한 그녀를 다 알고 있었기에, 넘어진 그녀를 일으켜 주면서 "힘내요. 절대로 좌절하면 안 돼요."

라고 격려했습니다. 그러나 뜻밖에 그녀는 "좌절이라뇨? 이건 그저 손해일 뿐인 걸요."라고 대답했습니다.

그렇습니다. 좌절이 아니라 손해인 것입니다. 우리 삶에 나타난 손해들에 대해서 여러분은 어떻게 해결하고 있습니까? 만약 우리가 예기치 않는 일을 만날 때, 그것을 좌절로 받아들인다면 그 고통이나 절망은 우리를 넘어뜨리고 말 것입니다. 하지만 그 일을 단순한 손해로 받아들이기만 한다면, 우리는 반드시 다시 일어나 성공할 것입니다.

진정한 성공은 실패에서 시작되는 것입니다. 내 인생에 갑작스럽게 다가오는 문제로 낙망해선 안 됩니다. 손해로 인정하되 좌절해서도 안 됩니다. 좌절치 않는 긍정적인 마음을 가져야 합니다. 인생은 넘어져도 주님은 우리를 붙들고 계십니다. 그러므로 과정만 보고 낙심하고 좌절해선 안 됩니다. 하나님은 낙심치 않고 하나님을 의지하는 사람을 붙들어주시고 또 붙들어 주십니다.

하나님은 고난의 보자기에 복을 싸주십니다. 인생을 살면서 환경만 보지 말고, 상황만 보지 말고, 과정만 보지 말고 하나님이 주시는 좋은 결과, 복된 미래를 바라볼 수 있기를 바랍니다. 내 인생에 닥친 과정만 보고 낙심하지 말고, 좌절하지 말고, 포기하지 말고 전능하신 하나님, 살아계신 하나님을 믿고 나갈 때 하나님이 주시는 크신 은혜와 복의 결과를 받아 누릴 수 있는 것입니다.

긍정적인 복된 미래를 바라보라.

"당신들은 나를 해하려 하였으나 하나님은 그것을 선으로 바꾸사 오늘과 같이 많은 백성의 생명을 구원하게 하시려 하셨나니"(창50:20).

"믿음은 바라는 것들의 실상이요 보이지 않는 것들의 증거니"(히11:1).

"우리가 알거니와 하나님을 사랑하는 자 곧 그의 뜻대로 부르심을 입은 자들에게는 모든 것이 합력하여 선을 이루느니라"(롬8:28).

정말 예수님을 믿고 하나님을 사랑한다면, 그 어떤 고난도 환난도 슬픔이라도 결국은 하나님께서 좋은 것을 가져다 주시리라는 것을 의심 없이 믿어야 합니다. 하나님께서는 우리의 마음속에 예수님을 믿고 복된 영상을 그릴 때 그린 대로 이루어 주십니다.

에머슨은 유명한 사업가입니다. 그는 말하기를, "내가 바라보는 내가 미래의 내가 될 것이다."라고 했습니다. 자신이 아무리 비참한 처지에 처했다 할지라도 긍정적인 미래의 나, 하나님의 복 받은 자신의 미래상을 바라보며 나가야 합니다. 그러면 반드시 그렇게 이루어지는 날이 올 것입니다.

"너희 안에서 행하시는 이는 하나님이시니 자기의 기쁘신 뜻을 위하여 너희에게 소원을 두고 행하게 하시나니"(빌2:13).

"또 여호와를 기뻐하라 그가 네 마음의 소원을 네게 이루어 주시리로다"(시37:4).

〈생각의 힘〉의 저자인 노만 빈센트 필 박사는, 성공의 비결을 세 가지로 말했습니다.

첫째, 인생의 선명한 자화상을 그리라.
둘째, 하나님께 부르짖어 기도하라.
셋째, 최선을 다해 실천하라.

그중에 첫째가 항상 성공적인 자기의 미래 모습을 긍정적으로 그리라는 것입니다.

"무엇이든지 기도하고 구하는 것은 받은 줄로 믿으라 그리하면 너희에게 그대로 되리라"(막11:24). "믿음은 바라는 것들의 실상이요 보이지 않는 것들의 증거니"(히11:1)라고 했으니, 하나님을 믿는 진실한 믿음은 내가 믿고 바라는 것이 다 이루어진 것같이 마음속에 그리고 머리로 생각하고 입으로 시인하여 외칠 때 그대로 이루어집니다.

철옹성 같은 여리고성도 하나님 앞에는 한 장의 종이쪽지만도 못하다고 믿어야 하고, 아무리 아낙 자손들이 기골이 장대한 거인 같고, 우리는 메뚜기 새끼 같이 연약해 보일지라도,

하나님 앞에서 아낙 자손들의 모습이 메뚜기 만도 못하다는 믿음의 눈을 가져야 합니다. 그럴 때 우리 인생의 어떤 여리고 성 같은 철옹성이 가로막고 있어도 무너뜨리고 승리할 수 있습니다. 이젠 과정만 바라보고 낙심하지 말고, 성공적인 자화상, 성공적인 그림을 그리며 믿음으로 나가면 복된 결과, 복된 미래를 보게 될 것입니다.

하나님의 사랑과 섭리를 믿어라.

"요셉이 형들에게 이르되 내게로 가까이 오소서 그들이 가까이 가니 이르되 나는 당신들의 아우 요셉이니 당신들이 애굽에 판 자라, 당신들이 나를 이곳에 팔았다고 해서 근심하지 마소서 한탄하지 마소서 하나님이 생명을 구원하시려고 나를 당신들보다 먼저 보내셨나이다"(창45:4-5).

"하나님이 큰 구원으로 당신들의 생명을 보존하고 당신들의 후손을 세상에 두시려고 나를 당신들보다 먼저 보내셨나니, 그런즉 나를 이리로 보낸 이는 당신들이 아니요 하나님이시라"(창45:7-8).

하나님이 하셨습니다. 하나님이 인도하셨습니다. 하나님의 섭리 가운데 하나님께서 인도하셨습니다. 형님들이 인도한 게 아니라는 겁니다. 이것이 진짜 믿음입니다.

지금 내가 어떤 환경과 조건 속에 있든, 환난과 고난 가운데 있든 하나님이 인도하셨다는 것입니다. "우리가 알거니와 하나님을 사랑하는 자 곧 그의 뜻대로 부르심을 입은 자들에게는 모든 것이 합력하여 선을 이루느니라."(롬8:28)는 것을, 어떤 환경과 고난이 닥쳐도 흔들리지 말고 굳게 믿고 의심치 말아야 합니다.

"그가 비록 근심하게 하시나 그의 풍부한 인자하심에 따라 긍휼히 여기실 것임이라, 주께서 인생으로 고생하게 하시며 근심하게 하심은 본심이 아니시로다"(애3:32-33).

우리가 고난 당한 만큼, 근심한 만큼 하나님께서 풍성한 은혜와 자비와 복을 베풀어 주십니다. 우리에게 고생하며 근심하게 하시는 것은 하나님의 마음이 아니라고 말씀하십니다. 깊은 신앙, 좋은 신앙은 하나님의 마음을 아는 것입니다.

"여호와의 말씀이니라 너희를 향한 나의 생각을 내가 아나니 평안이요 재앙이 아니니라 너희에게 미래와 희망을 주는 것이니라"(렘29:11).

"두려워하지 말라 내가 너와 함께 함이라 놀라지 말라 나는 네 하나님이 됨이라 내가 너를 굳세게 하리라 참으로 너를 도와 주리라 참으로 나의 의로운 오른손으로 너를 붙들리라"(사41:10).

정말 견디기 어려운 고난과 시련 속에서도 하나님의 사랑과 인도하시는 섭리를 의심하지 말고 믿고 나가야 합니다. 가난하고 무식한 뱃사람 베드로가 주님의 제자가 되어, 열두 제자 가운데 수제자가 되었지만, 예수님이 잡혀가실 때 세 번씩이나 부인하고 쓰러지고 넘어져도 주님이 다시 일으켜 세워주셨기에 성공한 제자가 되었습니다.

한 남자가 무능하다는 이유로 직장에서 해고되었습니다. 풀이 죽어 집에 돌아온 그는 실직 사실을 아내에게 알리면서, 자기는 인생의 실패자라고 말했습니다. 하지만 그의 아내는 지혜로운 여인이었습니다. 그녀는 남편을 바라보면서, "여보,

아니에요. 지금이야말로 당신이 원하던 그 일, 글을 쓰는 일을 시작하셔야 할 때이지요."라고, 오히려 남편을 위로하고 격려해 주었습니다. 그리고 남편을 위해 열심히 기도했습니다.

그는 아내의 격려와 기도에 힘입어 열심히 작품을 쓰는 일에 몰두했고, 마침내 그는 10년간의 칩거 끝에 미국이 낳은 가장 위대한 작품인 주홍글씨를 발표하게 되었습니다. 이 사람이 바로 '나다나엘 호손'입니다.

과정만 보고 낙심하지 맙시다. 아직 끝은 아닙니다. 인생의 위기가 오히려 호손의 인생을 복되게 만들어 주었습니다. 인생의 위기는 오히려 우리에게 기회가 될 수 있습니다. '나는 끝장났다', '나는 절망이다'라고 탄식하시는 분이 있습니까? 하나님께선 "너는 끝이 아니다. 네게는 다시 기회가 있다."라고 말씀하십니다.

살아계신 하나님, 전능하신 하나님을 믿고 의지하므로, 어떤 환경과 조건 속에서도 과정만 보지 말고 낙심하지 말고 좌절하지 말고 일어나 승리하기를 바랍니다. 인간의 절망은 하나님의 기회입니다. 인간의 절망은 하나님의 시작입니다. 현재 잠시 잠깐 받는 환난이나, 고난이나 고통은 장차 우리가 받을 영광과는 비교가 안 됩니다.

"생각하건대 현재의 고난은 장차 우리에게 나타날 영광과 비교할 수 없도다"(롬8:18).

내 인생에 닥친 연단과 시련의 과정만 보고 낙심하지 말고, 역경과 시련 속에서도 복된 결과와 미래를 내다보면서, 하나님의 사랑과 섭리를 의심치 말고 굳게 믿고 나가시기 바랍니다.

한 젊은 간호사가 있었습니다. 아버지가 병들어 죽게 됐을 때도 슬퍼할 수 없었습니다. 왜냐하면 어머니가 심장병으로 고생하고 있었기 때문에 아버지 친구가 '눈물 흘리지 말아라. 네 엄마가 너를 보고 충격을 받아 세상을 떠날 수도 있단다.' 라고 충고했기 때문입니다.

그래서 나날이 수척해가는 아버지의 모습을 보고도 감정을 억제하고 흐르는 눈물을 꾹 참았습니다. 너무나 아픈 고통을 억눌러 참으려고 애쓴 결과 그만 대장염에 걸리고 말았습니다. 대장염은 대장암으로 발전했고, 결국 그 간호사는 자기 아버지보다 먼저 세상을 떠났습니다.

슬픔을 억제하면 오히려 더 심각한 불행이 닥칠 수도 있습니다. 눈물은 우리의 건강에 도움을 줍니다. 눈물은 정신적인 충격을 완화시켜주고, 강력한 스트레스로 인해 체내에 축적된 모든 더러운 불순물들을 밖으로 배출시키는 효과가 있습니다. 눈물을 흘려야 할 때 눈물을 흘리지 않으면 결국 그것이 몸 안에 쌓여 심장병이 되고, 위장병이 되고, 기타 여러 가지 심각한 병에 걸리게 됩니다. 요즘 사람들은 웃음이 건강에 좋다고 웃는 것을 중요하게 생각하지만, 웃고 사는 것보다 더 중요한 것이 바로 눈물을 흘리는 것입니다.

성경에는 눈물의 종류가 많습니다. '회개의 눈물'(막14:72), '사명 감당하기 위한 눈물'(히5:7), '이별의 눈물'(딤후 1:4), '병든 자의 눈물'(왕하20:5), '동정의 눈물'(요11:30), '사별의 눈물'(요11:33), '후회의 눈물'(히12:17), '패배의 눈물'(사16:9) 등 여러 가지 인생의 눈물이 있지만, 그 눈물이 하나님 앞에 흘리는 눈물이 된다면 더 값진 눈물입니다.

성경에 나오는 '눈물의 골짜기'는 우리 마음에 아주 큰 감동을 주는 이야기입니다. 이스라엘 백성들은 삼대 절기(유월절, 칠칠절, 초막절)를 맞이하면 하나님 앞에 예배드리기 위해서 전국 각지에서 예루살렘 성전을 향하여 순례의 길을 떠납니다. 순례자들은 예루살렘 성전으로 가는 동안 수많은 계곡과 골짜기, 사막을 지나가야 하는데, 때로는 물이 없어 목마르기도 하고, 때로는 들짐승들의 공격을 받기도 하고, 때로는 강도의 위험을 당하기도 합니다.

이렇게 힘난한 순례의 길을 지나서 성전에 올라가면 그곳에서 유월절, 칠칠절, 초막절의 절기를 지키며 감격의 예배를 드립니다. 순례의 길에서 반드시 '눈물의 골짜기'라는 지역을 통과해야 하는데, 가장 힘들고 어려운 이 골짜기를 통과하는 사람에게는 하나님의 복이 예비되어 있습니다. 우리 인생길도 마찬가지입니다. 천성을 향해 가는 순례자의 길입니다. 눈물의 골짜기를 지나가야 하는 고난의 길입니다.

그러나 이 눈물의 골짜기를 건너서 예루살렘으로 올라가기만 하면 거기에는 눈물도 없고, 고통도 없고, 모든 사람들이 다 같이 감사 찬송하며 음식을 나누고 즐거운 축제가 벌어집니다.

지금 우리의 삶이 아무리 어렵고 힘들고 눈물과 고통이 있다 할지라도 낙심하거나 포기해서는 안 됩니다. 우리네 인생 자체가 눈물이라면, 그 눈물의 고난을 극복할 때 하나님께서 복과 영광도 허락해 주신다는 것입니다. 하나님앞에 나와 예배드리는 사람에게는 인생 골짜기를 모두 무사히 안전하게 지나가도록 보호하시고 인도해 주십니다.

마음에 성전을 사모하는 자들에게 복을 주신다.

"주께 힘을 얻고 그 마음에 시온의 대로가 있는 자는 복이 있나이다"(시84:5).

예루살렘 남동쪽에 작은 산 하나가 있는데, 그 산이 바로 하나님의 성전이 있는 시온산 입니다. 이 산은 하나님이 계시는 거룩한 산이요, 하나님께서 자기 백성들을 만나 주시기로 약속하신 산입니다. 이 시온산은 영적으로 천국을 의미합니다.

'마음에 시온의 대로가 있는 자'란 하나님의 성전으로 나갈 마음을 가진 사람이요, 하나님을 의지하고 하나님께 예배드리러 가기를 원하는 사람이요, 하나님 만나기를 간절히 사모하는 마음이 있는 사람을 말합니다. 그러므로 마음에 시온의 대로가 있는 자는 복이 있다는 것입니다. 다시 말하면, 하나님을 만나고자 하는 마음이 있는 자, 하나님이 계신 예루살렘 성전을 향해 대로가 있는 사람은 복이 있다는 것입니다.

인간의 마음에는 두 가지 길이 있습니다. 하나는 세상을 향해 가는 길이 있고, 또 하나는 하나님을 향해 가는 길입니다. 하나님께서는 세상의 부귀나 명예를 좇지 않고, 마음에 하나님을 향한 길이 열려 있는 사람에게 복을 주신다고 하셨습니다.

"천지를 지으신 여호와께서 시온에서 네게 복을 주실지어다"(시134:3).

하나님의 성전인 예루살렘을 통해서 이스라엘 백성들이 복 받은 것처럼, 오늘날에는 하나님의 교회를 통해서 하나님의 복이 옵니다. 영적인 복과 물질적인 복이 오고, 건강의 복이 옵니다. 하나님께서 교회를 통해서 일하시기 때문에 복 받고,

잘 되고, 행복하길 원하면 하나님을 반드시 만나야 합니다.

"너는 마음을 다하여 여호와를 신뢰하고 네 명철을 의지하지 말라, 너는 범사에 그를 인정하라 그리하면 네 길을 지도하시리라"(잠3:5-6).

하나님을 믿고 의지하는 사람은 하나님께서 그 길을 지도하시겠다고 하셨습니다. 그 인생을 책임지고 보호해 주시고 함께해 주십니다. 그러므로 사람이 어떤 길을 선택하고 가느냐 하는 것은 대단히 중요합니다.

이집트의 한 군대가 사막을 행군하고 있었습니다. 오랜 전쟁으로 지친 군인들은 사막 한 가운데서 목이 말라 쓰려져가고 있었습니다. 그때 한 젊은 병사가 "저기 호수가 있다."고 외쳤습니다. 군인들은 눈앞에 출렁거리는 푸른 호수를 향하여 달려갔습니다.

그런데 그때 한 노병사가 "여러분! 잠깐, 저것은 신기루요. 저기로 가면 모두 죽어요. 우리는 신기루의 반대 방향으로 가야됩니다."라고 군인들을 향해 외쳤습니다. 그러나 군인들은 노병사의 말을 듣지 않고 젊은 병사의 말만 듣고 신기루를 향해 계속 달려갔습니다. 그러다가 점점 더 깊은 사막으로 들어가서 결국 전부 죽고 말았습니다.

우리 인생도 마치 사막과 같습니다. 절망과 고난이 닥쳐올 때 신기루를 찾는 사람들이 많습니다. 그러나 그것은 절망과 실망만 안겨줄 뿐입니다. 오늘날 많은 사람들이 "여기저기에 희망이 있다! 이렇게, 저렇게 하면 된다!"고 말들을 많이 하지만, 누구의 말을 듣고 어떤 선택을 하고 어떤 길로 갈 것인지 신중하게 선택해야 합니다.

그러나 확실한 것 한 가지는, 예수님께서 "내가 곧 길이요 진리요 생명이니 나로 말미암지 않고는 아버지께로 올 자가 없느니라."(요14:6)라고 말씀하셨습니다. 우리가 인생의 위기를 만날 때 하나님이 생각나고 교회가 생각나면 살 길이 열립니다.

최근 한국에서 가장 사랑받는 찬양이 있는데, 바로 〈꽃들도〉라는 찬양입니다.

이곳에 생명 샘 솟아나 눈물 골짝 지나갈 때에

머잖아 열매 맺히고 웃음소리 넘쳐나리라

꽃들도 구름도 바람도 넓은 바다도 찬양하라

찬양하라 예수를 하늘을 울리며 노래해 나의 영혼아

은혜의 주 은혜의 주 은혜의 주

이 찬양의 원곡은 일본곡이에요. 이 찬양을 한국에 알려주신 분이 "이준석" 일본 선교사님입니다. 이 선교사님도 우연히 듣게 된 이 찬양이 부르면 부를수록 노랫말이 마음에 와 닿았다고 합니다.

우리가 하나님을 만나기 위해서는 오직 예수 그리스도를 믿고, 예수님이 말씀하신 그 길을 걸어가야 합니다. 예수님만이 우리의 영생이 되고 구원이 되고, 복이 되고, 영원한 삶을 보장해 주신다는 사실을 믿어야 합니다.

메마른 골짜기에서도 샘물로 축복하신다.

"그들이 눈물 골짜기로 지나갈 때에 그 곳에 많은 샘이 있을 것이며 이른 비가 복을 채워 주나이다"(시84:6).

메마른 골짜기에도, 메마른 인생길에도 복의 샘물, 은혜의 샘물이 흘러나게 하십니다. '눈물의 골짜기'란 예루살렘을 향하여 올라오는 순례자들이 반드시 통과해야 하는 곳입니다. 그러나 전혀 물을 구할 수 없는 험하고 메마른 골짜기였습니다.

그런데 그 골짜기를 지나면 빗물을 저장해 두기 위하여 산허리나 계곡에 파놓은 많은 웅덩이와 샘이 있습니다. 웅덩이들은 마르지 않습니다. 혹시 말랐다 할지라도 비가 오면 다시 물에 고입니다. 이 웅덩이는 물이 귀한 이스라엘의 여행길에서는 생명의 원천이 되었습니다. 그래서 예루살렘 성전을 향하여 가던 사람들도 이 골짜기에서 물을 마셨습니다.

우리의 인생도 너나 할 것 없이 고통과 고난의 험한 골짜기를 지나가게 되는데, 우리가 눈물의 골짜기를 지나갈 때도 하나님은 함께 하십니다. 그리고 곳곳에 목마름을 해결할 수 있는 샘을 준비하시고, 때를 따라 하나님의 은혜와 위로와 기쁨을 내려주시므로 만족케 하십니다. 우리가 낙심하지 않고 포기하지 않으면, 하나님은 우리를 반드시 구원의 길로 인도해 주십니다.

"저녁에는 울음이 깃들일지라도 아침에는 기쁨이 오리로다"(시 30:5).

하나님께서는 우는 사람, 눈물 흘리는 사람, 통곡하는 사람, 기도하는 사람에게 기쁨을 허락하시고 응답하십니다. "애통하는 자는 복이 있나니 그들이 위로를 받을 것임이요"(마5:4)라고 하셨는데, 애통하는 자를 하나님께서 위로해 주시고 복을 베풀어 주십니다. 또한 "하나님께서 그들의 눈에서 모든 눈물을 씻어 주실 것임이라."(계7:17)라고 하셨습니다.

부모나 자식, 남편이나 아내, 또는 친구가 위로해 주지 못한다 할지라도, 어느 누구도 위로해 주지 못하고 눈물을 씻겨주지 못한다 할지라도, 하나님께서 모든 눈물을 씻어 주시며, 무한한 위로를 주십니다.

성경을 보면 하나님의 택한 종들도 많이 울었습니다. 아브라함도 울었고, 야곱도, 요셉도, 한나도, 다윗도 하나님 앞에서 눈물을 흘렸습니다. 히스기야도, 느헤미야도, 에스더도, 예수님도 눈물 흘리시고 통곡하셨고, 사도 바울도 울었습니다. 하나님께 선택받은 위대한 종들, 하나님께 쓰임 받은 사람들은 눈물을 많이 흘렸습니다.

우리가 신앙 생활할 때나 인생을 살아가면서 눈물 흘리는 것은 정상입니다. 오히려 눈물이 없다면 그 사람은 병든 사람이요, 삶을 제대로 사는 사람이라 할 수 없습니다. 훌륭한 삶을 사는 사람이나 남보다 더 많은 업적을 남긴 사람들은 남모르는 많은 눈물이 있었습니다.

쓴맛을 먼저 본 후에 단맛은 더해지고, 폭풍우가 지나간 후에 하늘은 더 맑아집니다. 이 세상에 있는 향수 가운데 가장 값비싼 향수가 발칸산맥의 장미에서 추출한 향수라고 하는데, 그 귀한 향수를 만들기 위해서는 가장 춥고 어두운 시간에 영하 20도 이상 추운 밤에 장미를 딴다고 합니다. 그 이유는 장미는 한밤중에 가장 향기로운 향을 뿜어내기 때문입니다. 인생에 시련과 연단은 사람을 더 지혜롭게 만들고, 더 가치 있게 만들고, 더 능력 있게 만들고, 더 강하게 만듭니다.

눈물의 골짜기를 지나갈 때 힘을 얻되 한 번만 얻는 것이 아니라 힘을 얻고 나서 약해질 때마다 또다시 하나님께서 지혜를 공급해 주시고, 힘과 능력을 공급해 주십니다. 우리가 예수님을 믿으면 주님이 끝까지 우리를 붙들어 주십니다. 하나님이 주시는 새로운 힘과 능력으로 끝까지 승리하며 나갈 수 있기를 바랍니다.

"이스라엘의 하나님은 그의 백성에게 힘과 능력을 주시나니"(시 68:35).

"피곤한 자에게는 능력을 주시며 무능한 자에게는 힘을 더하시나니, 소년이라도 피곤하며 곤비하며 장정이라도 넘어지며 쓰러지되, 오직 여호와를 앙망하는 자는 새 힘을 얻으리니 독수리가 날개치며 올라감 같을 것이요 달음박질하여도 곤비하지 아니하겠고 걸어가도 피곤하지 아니하리로다"(사40:29-31).

오늘날 많은 사람들이 일이 너무 힘들고 어렵다고, 무엇을 어떻게 해야 할지 모르겠다고 합니다. 인생의 길을 잃어버리고 우왕좌왕하는 사람들이 너무 많습니다. 그러나 하나님을 늘 바라보고 사모하는 사람은 마치 독수리가 날개치며 올라가는 것처럼, 아무리 폭풍우가 치고 비바람이 쳐도 상관없습니다.

환난과 고난 때문에 망한 사람도 있지만, 오히려 이 환난 때문에 성공한 사람도 있고 더 잘된 사람도 있고 복 받은 사람도 있습니다.

"내게 능력 주시는 자 안에서 내가 모든 것을 할 수 있느니라"(빌 4:13).

하나님이 나에게 능력을 주시기만 하면, 모든 환경과 역경을 극복하고 감당할 수 있습니다.

"네 하나님 여호와를 기억하라 그가 네게 재물 얻을 능력을 주셨음이라"(신8:18).

우리의 힘으로 아침 새벽부터 밤늦도록 뛰고 달린다고 되는 게 아닙니다. 하나님이 물질도 주시고, 건강도 주시고, 은혜도 주시고, 행복도 주셔야 합니다. 우리의 인생에 하나님께서 힘주시고, 또 계속 새 힘을 공급해 주셔야 합니다.

하나님께서 내 기도를 들어주신다.

"만군의 하나님 여호와여 내 기도를 들으소서 야곱의 하나님이여 귀를 기울이소서"(시84:8).

눈물의 골짜기를 지나가고 나면 하나님의 성전에서 하나님을 만나고, 하나님께 기도하면 응답받고 소원을 이루게 됩니다. 하나님은 천지를 지으시고 역사를 주관하시는 절대적인 권세를 가지신 분이십니다. 하나님은 이스라엘의 조상인 야곱과 언약하시고 그것을 신실하게 지키신 하나님이십니다.

하나님은 야곱의 형 에서의 복수심을 제거해주시고, 야곱에게 자손의 복을 주셨습니다. 네 명의 아내와 열두 명의 아들과 많은 재산을 가진 거부가 되어 고향으로 돌아오게 하셨습니다. 야곱의 기도를 들으시고 복 주신 하나님을 의지하여 우리에게도 이런 복을 허락해 달라고 간절히 부르짖어야 합니다. 그럴 때 능력의 하나님이 응답해 주시고 마음의 소원을 이루어 주십니다.

"이 곤고한 자가 부르짖으매 여호와께서 들으시고 그의 모든 환난에서 구원하셨도다"(시34:6).

"너는 내게 부르짖으라 내가 네게 응답하겠고 네가 알지 못하는 크고 은밀한 일을 네게 보이리라"(렘33:3).

한 아버지와 어린 아들이 캠핑을 갔습니다. 그들은 텐트 칠 장소의 돌들을 밖으로 옮겼고, 작은 돌들은 다 치웠는데 큰 돌 하나가 깊게 박혀서 빠지지 않았습니다. 아들은 이 돌을 이리저리 굴리며 빼려고 노력했으나 돌이 흔들거리기만 하고 도무지 움직이지 않아 옮길 수가 없었습니다. 그 모습을 지켜보던 아버지가 말했습니다. "네가 할 수 있는 모든 방법을 다 동원해서 그 돌을 옮겨봐라. 너는 할 수 있다."라고 격려했습니다.

아들은 끙끙거리며 이리저리 힘써보다가 "아버지! 도저히 못 하겠어요."라고 말했습니다. 아버지는 아들에게 "너는 아직 딱 한 가지 사용하지 않은 방법이 있단다."라고 했습니다. 아들이 궁금해서 아버지께 그것이 무엇이냐고 묻자, 아버지는 "너는 아빠에게 부탁하지 않았잖아. 네가 모든 노력을 다 해도 안 되면 '아빠! 이 돌 좀 옮겨 주세요'라고 한마디만 하면 되는데, 너는 아빠에게 도움을 요청하지 않았다."라고 말했습니다.

언제까지 혼자서 밀고 당기는 수고를 하시겠습니까? 언제까지 고민만 하시겠습니까? 하나님께 도움을 청하세요, 지혜를 구하세요, 기도는 하나님께 도움을 청하는 것입니다. 아무리 잘났다 해도, 아무리 돈이 많고 똑똑하다고 할지라도, 아무리 경험이 많다고 할지라도 자신이 해결하지 못할 때 고개를 들고 천지를 지으신 하나님께 도와달라고 기도하십시오! 하나님께 기도하며 눈물의 골짜기를 지나갈 때 하나님께서 반드시 복을 허락해 주십니다.

불황을 극복하는 믿음

요즘 실업자가 127만명을 넘었다고 발표했습니다. 만 오천 개의 중소기업이 도산했다고 합니다. 경제불황으로 자연히 민심이 동요되고 불안에 떨게 되고, 입에서는 불평과 원망이 터져나오고 있습니다. 이럴 때 어떤 자세를 가지고 어떻게 이 불황을 극복할 수 있을까요?

인생은 우선순위가 바로 되어야 합니다. 성경에 보면 인생에 다가온 불황을 믿음으로 잘 극복한 사람들을 많이 볼 수 있습니다.

누가복음 5장을 보면, 베드로는 밤새도록 갈릴리 바다에서 그물을 던졌지만, 물고기 한 마리도 잡지 못해서 낙심하고 절망 가운데 있을 때, 주님이 오셔서 전해 주신 말씀에 은혜받고 믿음이 생겨서 순종하여 그물을 던졌을 때, 두 배가 잠길 정도로 많은 물고기가 잡혔습니다.

열왕기상 17장에 나오는 사르밧 과부는, 3년 6개월 동안 비가 오지 않아서 가뭄으로 많은 사람들이 굶어 죽어가고 있을 때, 믿음으로 순종하므로 풍족한 삶을 살았습니다. 뿐만 아니라, 요한복음 2장에는 가나 혼인 잔치 집에서 종들이 주님 말씀에 순종하여 물이 포도주로 변하는 기쁨이 넘치는 잔치가 되기도 했습니다.

민수기 11장 10-23절에도 이스라엘 백성이 애굽에서 나와 광야를 지날 때 먹을 것이 없었지만, 하나님께서 새벽마다 만나를 내려주셔서 배불리 먹게 해주셨습니다. 이스라엘 백성들은 그것으로 만족하지 못하고 고기가 먹고 싶다고 울고불고 원망하고 불평했습니다.

만나는 깟씨 같고 진주 모양의 기름 섞인 과자 맛이라고 하는데, 하나님이 주신 하늘의 음식을 배불리 먹게 된 것을 감사하지는 못하고, "누가 우리에게 고기를 주어 먹게 하랴, 우리가 애굽에 있을 때에는 값없이 생선과 오이와 참외와 부추와 파와 마늘 들을 먹은 것이 생각나거늘, 이제는 우리의 기력이 다하여 이 만나 외에는 보이는 것이 아무 것도 없도다"(민 11;4-6)라고 하면서 불평을 했습니다.

모세가 울며 탄식하는 이스라엘 백성들의 모습을 보면서 근심했습니다. 이러다간 큰 반란이 일어나서 모세를 반역하고, 당장 모세를 죽이고자 돌을 던질 것 같았습니다. 모세는 엎드려 하나님께 기도했습니다.

"여호와께 여짜오되 어찌하여 주께서 종을 괴롭게 하시나이까 어찌하여 내게 주의 목전에서 은혜를 입게 아니하시고 이 모든 백성을 내게 맡기사 내가 그 짐을 지게 하시나이까, 이 모든 백성을 내가 배었나이까 내가 그들을 낳았나이까 어찌 주께서 내게 양육하는 아버지가 젖 먹는 아이를 품듯 그들을 품에 품고 주께서 그들의 열조에게 맹세하신 땅으로 가라 하시나이까, 이 모든 백성에게 줄 고기를 내가 어디서 얻으리이까 그들이 나를 향하여 울며 이르되 우리에게 고기를 주어 먹게 하라 하온즉, 책임이 심히 중하여 나 혼자는 이 모든 백성을 감당할 수 없나이다,

주께서 내게 이같이 행하실진대 구하옵나니 내게 은혜를 베푸사 즉시 나를 죽여 내가 고난 당함을 내가 보지 않게 하옵소서"(민 11:11-15).

그때 하나님은 모세가 자기 혼자 감당할 수 없다고 하니까 70명의 장로들을 다 데리고 나오라고 하십니다. 그리고 "내가 강림하여 거기서 너와 말하고 네게 임한 영을 그들에게도 임하게 하리니 그들이 너와 함께 백성의 짐을 담당하고 너 혼자 담당하지 아니하리라"(민11:17)고 하시면서, 이스라엘 백성들에게 고기를 주어 먹게 하되 하루나 이틀 열흘, 스무날이 아니라 코에서 냄새가 나도록 한 달간 먹게 하리라고 약속하셨습니다.

모세가 "이 백성의 보행자가 육십만 명이온데 주의 말씀이 한 달 동안 고기를 주어 먹게 하겠다 하시오니, 그들을 위하여 양 떼와 소 떼를 잡은들 족하오며 바다의 모든 고기를 모은들 족하오리이까"(민11:21-22)라고 하나님께 여쭸더니, 하나님은 "여호와의 손이 짧으냐 네가 이제 내 말이 네게 응하는 여부를 보리라"(민11:23)고 하셨습니다. 때마침 바람이 불기 시작하더니, 동서 사방에서 메추리가 날아와서 온 진영을 덮었는데, 하룻길 되는 지면에 1m 높이로 풍성히 내려주셔서 이스라엘 백성들이 메추라기 고기를 실컷 먹었습니다.

모세도 불황을 이기지 못해서 "내가 이 백성을 낳았나요? 내가 이 백성을 잉태했나요? 차라리 저를 죽여 주세요"라고 했지만, 하나님은 그 불황을 극복하게 하셨습니다.

무엇보다 먼저 창조의 하나님을 믿어라.

"모세가 여호와께 여짜오되 어찌하여 주께서 종을 괴롭게 하시나이까 어찌하여 내게 주의 목전에서 은혜를 입게 아니하시고 이 모든 백성을 내게 맡기사 내가 그 짐을 지게 하시나이까, 이 모든 백성을 내가 배었나이까 내가 그들을 낳았나이까 어찌 주께서 내게 양육하는 아버지가 젖 먹는 아이를 품듯 그들을 품에 품고 주께서 그들의 열조에게 맹세하신 땅으로 가라 하시나이까, 이 모든 백성에게 줄 고기를 내가 어디서 얻으리이까 그들이 나를 향하여 울며 이르되 우리에게 고기를 주어 먹게 하라 하온즉,

책임이 심히 중하여 나 혼자는 이 모든 백성을 감당할 수 없나이다"(민11:11-14).

"너희에게 고기를 주어 먹게 하실 것이라, 하루나 이틀이나 닷새나 열흘이나 스무 날만 먹을 뿐 아니라, 냄새도 싫어하기까지 한 달 동안 먹게 하시리니"(민11:18-20).

"모세가 이르되 나와 함께 있는 이 백성의 보행자가 육십만 명이온데 주의 말씀이 한 달 동안 고기를 주어 먹게 하겠다 하시오니, 그들을 위하여 양 떼와 소 떼를 잡은들 족하오며 바다의 모든 고기를 모은들 족하오리이까"(민11:21-22).

"여호와께서 모세에게 이르시되 여호와의 손이 짧으냐 네가 이제 내 말이 네게 응하는 여부를 보리라"(민11:23).

우리는 인생의 불황 속에서도 창조주 하나님을 믿고 의지해야 합니다. 그런데 이스라엘 백성들은 물론 모세까지도 창조주 되시는 능력의 하나님을 믿지 못했습니다. 그래서 "내가 이 백성을 낳았나요? 잉태했나요? 차라리 죽여 주시옵소서."라고 말했던 것입니다. 뿐만아니라 고기를 먹여 주겠다고 말씀하시는데도 "소떼나 양떼를 다 잡은들 되겠나요? 바다의 고기를 다 몰고 온들 되겠나요?"라고 하나님의 말씀까지 의심했습니다.

홍해 바다를 가르신 살아계신 하나님의 능력도 체험했고, 하늘 문을 열고 내려주신 만나도 먹고 있었고, 반석에서 나온 물도 먹으면서 살아계신 창조주 하나님을 믿지 못했습니다.

하나님의 손이 짧아진 것이 아닙니다. 창조주 하나님은 우리에게 필요한 것을 무엇이든지 만들어낼 수 있으시며, 또 미리미리 준비해 두시는 '여호와 이레'의 하나님입니다. 하나님은 하나님이 택한 백성들을 결코 굶어 죽거나 얼어 죽게 하지 않으십니다.

그래서 예수님이 "내가 너희에게 이르노니 목숨을 위하여 무엇을 먹을까 무엇을 마실까 몸을 위하여 무엇을 입을까 염려하지 말라 목숨이 음식보다 중하지 아니하며 몸이 의복보다 중하지 아니하냐"(마6:25)라고 말씀하셨습니다.

음식보다 중한 목숨을 주신 하나님이 음식을 주시지 않겠느냐? 의복보다 중한 몸을 주신 하나님이 몸에 필요한 의복을 주시지 않겠느냐고 하신 말씀입니다. 창조주 하나님을 믿는 것이 중요합니다.

피아노 치는 박지영 변호사의 간증이 있습니다. 박 변호사는 5살 때부터 피아노를 시작했는데, 뛰어난 실력으로 서울대 음대에 들어갔습니다. 그러나 아버지의 사업의 부도로 모든 것을 다 잃고 단칸방에 온 식구가 살면서, 박 변호사가 생명 같이 아끼는 피아노까지 처분해야 했습니다.

그런데 더 심각한 문제가 생깁니다. 고등학교를 졸업하던 19살 때 림프암에 걸린 겁니다. 지옥 같은 항암치료를 받을 때, 몸 안의 장기가 모두 입으로 딸려 나올 것 같은 토악질을 10시간씩 했습니다. 물을 삼키기도 어려웠어요. 주사바늘을 하도 많이 꽂아서 혈관이 모두 숨어버렸고, 잠만 자면 가위에 눌렸어요. 너무너무 힘들어서 "하나님! 살려주세요. 하나님 도와주세요"라고 기도했습니다.

어느 날 기도하는 중에 아직 자기가 해야 할 일이 남았다는 확신이 생겼습니다. 그 후로 항암치료를 중단했습니다. 병원에서는 안 된다고 경고했지만, 집에서 현미와 채소 등 자연식을 먹으면서 1년 동안 암세포와 싸우며 기도했습니다. 그때 하나님께서 아들을 십자가에 내어놓기까지 사랑하시는 은혜를 주시고, 그의 병을 깨끗이 고쳐주셨습니다. 그 후 15년 동안 감기나 타박상 등을 치료하러 병원에 간 일 외에는 림프샘 종양과 관련해서는 병원에 간 적이 없었다고 합니다.

분명히 자신의 삶에 하나님의 뜻이 있다는 것을 깨닫자 인생의 목표가 분명해졌습니다. 자신을 위한 삶이 아니라 하나님을 기쁘게 하고 이웃을 기쁘게 하는 삶! 그녀는 선교단체에 들어가 농촌 오지와 도시 빈민, 소년소녀가장, 장애우 등을 구체적으로 섬겼습니다. 더 구체적으로 섬기기 위해 법대에 편입해서 사법고시에 합격하여 변호사로서 하나님과 이웃을 섬기는 삶을 살고 있습니다.

믿음의 사람은 불황과 실패 속에서도 창조주 하나님을 믿고 위대한 꿈과 비전을 기도하며 이루어 나가는 사람입니다. 인생이 힘들고 어려워서 좌절할 때, 그때가 오히려 신앙 안에서 창조주 하나님을 찾고 만날 수 있는 기회입니다. 인생의 실패는 오히려 결단을 통해 새로운 복의 기회가 됩니다.

이제 창조주 하나님을 바라보십시요! 어떤 불황 속에서도 창조주 하나님의 능력을 믿고, '여호와 이레' 하나님의 능력을 믿고 믿음으로 나가야 그 불황을 이길 수 있습니다.

부정적인 말을 버리고 긍정적인 말을 하라.

"여호와께서 들으시기에 백성이 악한 말로 원망하매 여호와께서 들으시고 진노하사"(민11:1).

"이스라엘 자손도 다시 울며 이르되 누가 우리에게 고기를 주어 먹게 하랴, 우리가 애굽에 있을 때에는 값없이 생선과 오이와 참외와 부추와 파와 마늘들을 먹은 것이 생각나거늘, 이제는 우리의 기력이 다하여 이 만나 외에는 보이는 것이 아무 것도 없도다 하니"(민11:4-6).

어려운 상황에 처한 이스라엘 백성들은 긍정적인 믿음으로 하나님께 간구할 생각은 하지 않고 울며불며 원망하고 불평하는 부정적인 말만 했습니다. 게다가 애굽에서 벽돌을 굽던 종살이 할 때가 그립다고까지 했습니다. 그들의 말을 들으신 하나님은 심히 노하십니다. 불평하고 원망하고 탄식만 하고 있으면 점점 더 절망의 수렁에 빠져 헤어날 수 없습니다.

노아는 홍수 심판 때에도 하나님만 믿고 의지했으며, 방주에 들어가서도 무서운 홍수를 내다보지 않고 삼층 꼭대기 창문을 통해서 하나님만 바라보았습니다.

가나안을 정탐하고 돌아온 10명의 정탐꾼들의 부정적이고 불신앙적인 말을 듣고, "이제는 다 죽게 됐구나!" 하고 울며 탄식하던 사람은 그들의 말대로 광야에서 배회하다가 죽었습니다. 그러나 "그들은 우리 밥이다. 문제 없다"고 하던 여호수아와 갈렙은 마침내 젖과 꿀이 흐르는 가나안 땅에 들어가게 됐습니다.

무슨 문제이건 문제가 있는 곳에는 반드시 해결의 열쇠도 있습니다.

"예수께서 이르시되 할 수 있거든이 무슨 말이냐 믿는 자에게는 능히 하지 못할 일이 없느니라 하시니"(막9:23).

"내게 능력 주시는 자 안에서 내가 모든 것을 할 수 있느니라"(빌 4:13)

긍정적인 말, 긍정적인 믿음만 가지면, 문제라고 생각하는 것들이 더이상 문제가 되지 않습니다. 그러므로 부정적인 말을 버리고 믿음을 가지고 긍정적으로 말할 때 그대로 이루어집니다.

국내 최초의 생태학자인 최재천 교수는 살면서 절대로 해서는 안 되는 말 세 가지를 꼽았는데, '첫째는 바쁘다, 둘째는 힘들다, 셋째는 죽겠다'고 하는 것입니다. 바빠서 힘들어 죽겠다는 나쁜 말은 절대로 해서는 안된다고 말했습니다. 또 자주 쓰는 나쁜말만 바꿔도 실패에서 성공으로 인생의 방향이 돌아선

다고 말합니다. 반대로 국민대 문학과 이의용 교수는 불통을 소통으로 바꾸고 인생이 성공하는 네 가지 입버릇에 대해서 '반가워, 고마워, 미안해, 잘했어'라고 말합니다.

평소에 쓰는 말만 바꿔도 생각이 달라지고 인생이 달라집니다. 영원한 기쁨의 천국을 바라보며 사는 우리 그리스도인들은 뭐가 달라도 달라야 합니다. 주님이 내 인생을 책임져 주신다는 걸 믿고 긍정의 말을 습관화해야 합니다. 그러면 반드시 주님께서 좋은 것으로 채워 주십니다. 나쁜 입버릇은 모양조차도 버리고 좋은 말버릇을 가지고 살아야 합니다. 인간은 말을 만들고 말은 인간을 만듭니다. 말은 자신을 드러내는 것이고, 어떤 말을 선택하느냐에 따라서 인생의 미래가 영향을 받습니다. 부정적인 말보다는 긍정적인 말을 해야 합니다.

그러므로 우리들은 부정적인 말을 버리고, 긍정적이고 적극적인 말을 해야 불황을 극복하고 승리하게 됩니다. 힘들고 어려울 때일수록 우선순위를 바로 정하고, 더욱 긍정적이고 창조적인 복된 말을 할 때 불황을 극복할 수 있습니다.

지난날을 뒤돌아보고 하나님의 은혜를 기억하고 살아라.

"그들 중에 섞여 사는 다른 인종들이 탐욕을 품으매 이스라엘 자손도 다시 울며 이르되 누가 우리에게 고기를 주어 먹게 하랴, 우리가 애굽에 있을 때에는 값없이 생선과 오이와 참외와 부추와 파와 마늘들을 먹은 것이 생각나거늘"(민11:4-5).

이스라엘 백성들은 뭐가 생각나서 울었습니까? 애굽에서 종살이하며 먹었던 세상적인 것을 생각했습니다. 그때가 좋았다고 눈물을 흘린 겁니다. 기가 막히지 않습니까? 지금 하나님의 은혜를 받고 복을 받아 구원받고 인도함을 받으며 살고 있는데, 잠시 힘든 상황을 맞았다고 그 고통과 괴로움 가운데 구원해 달라고 부르짖던 애굽에서 살던 때가 그립다는 것입니다. 고통의 땅 애굽에서 인도해 주셔서 홍해도 기적적으로 건너고, 현재도 기적 가운데 매일 만나를 먹으면서도 지난날에 주신 하나님의 은혜는 까맣게 잊어버리고, 불황에 직면할 때마다 하나님을 원망하고 불평하고 죽겠다고 탄식했습니다.

지난날을 뒤돌아 보지 못하고 하나님의 은혜를 잊어버리고 살면 안 됩니다. "옛날을 기억하라 역대의 연대를 생각하라"(신32:7)고 하셨습니다. 히스기야왕도 과거에 주신 하나님의 은혜를 잊어버리고 교만하게 살다가 죽을 병에 걸렸습니다. 다윗도 하나님이 주신 은혜를 잊어버리고 교만 떨다가 간음을 하고, 충신 우리야를 죽이고, 하룻 저녁에 7만 명이나 전염병으로 죽는 일이 있었습니다. "교만은 패망의 선봉이요 거만한 마음은 넘어짐의 앞잡이니라"(잠16:18)라는 말씀을 기억해야 합니다.

20세기 미국의 탁월한 경영인 중에 아이아코카라는 사람이 있습니다. 아이아코카는 파산 직전에 놓인 크라이슬러 자동차의 경영자로 취임했습니다. 그의 탁월한 경영 능력과 공격적인 세일즈 작전으로 크라이슬러 자동차는 파산 직전에서 놀라운 성장을 했습니다. 아이아코카가 경영자로 취임한 중반에 이르렀을 때, 크라이슬러 자동차는 약 300%의 성장을 이루었습니다.

아이아코카는 80편이 넘는 광고에 직접 출연하고, 가는 곳마다 자신이 6개월이면 미국의 경제를 파악할 수 있다는 등의 정치적인 발언을 했습니다. 탁월한 경영 능력을 가졌지만, 그동안의 성과에 자만을 떨다가 크라이슬러 자동차는 불과 몇 년 사이에 약 31%의 시장을 잃었습니다. 그리고 아이아코카는 이사들의 퇴진 압력에 시달리고 결국 크라이슬러는 벤츠에 병합되었습니다. 사람이 교만하면 얼마나 쉽게 침몰할 수 있는가를 보여주는 예가 되었습니다.

우리도 교만 떨다가 망하는 수 있습니다. 그러므로 지난날 과거를 뒤돌아보고 하나님의 은혜를 기억하고 감사하는 삶을 살아야 합니다. 교만 떨다가 제2의 IMF를 만날 수 있고, 제2의 6.25를 만날 수 있습니다. 오늘까지 복되게 살아온 것이 개인이나 국가, 우리의 힘으로 살아온 줄 아십니까? 아닙니다. 하나님의 은혜와 능력으로 살아온 겁니다. 우리는 겸손하게 늘 지난날을 뒤돌아보고, 하나님의 은혜를 잊지 않고 기억하고 살아야 합니다.

하나님께 근거를 둔 경제생활을 해야 한다.

"그들을 위하여 양 떼와 소 떼를 잡은들 족하오며 바다의 모든 고기를 모은들 족하오리이까, 여호와께서 모세에게 이르시되 여호와의 손이 짧으냐 네가 이제 내 말이 네게 응하는 여부를 보리라"(민11:22-23).

"내 백성이 두 가지 악을 행하였나니 곧 그들이 생수의 근원되는 나를 버린 것과 스스로 웅덩이를 판 것인데 그것은 그 물을 가두지 못할 터진 웅덩이들이니라"(렘2:13).

이스라엘 나라에 가장 큰 경제불황은 산당을 짓고 우상 숭배를 많이 했던 아합왕 때 3년 6개월 동안 비가 오지 않던 때였습니다. 이때 불황을 잘 극복하고 안전하게 생활한 사람은 어떤 부자나 권세자가 아니라 가장 가난했던 사렙다 과부였습니다.

사렙다 과부는 마지막으로 자기 아들과 함께 먹고 죽으려고 했던 음식을 엘리야에게 순종하여 드릴 때, 흉년이 끝날 때까지 쌀통에 쌀이 마르지 않고 기름병과 물병이 마르지 않으므로 불황을 극복하고 평안한 삶을 살았습니다.

인생이 불황일수록 하나님 말씀대로 살아야 합니다. 주일을 철저히 지키고, 하나님께 드릴 것은 철저히 구분하여 드려야 합니다. 그래야 불황 속에서 하나님의 기적과 복을 체험할 수 있습니다.

"만군의 여호와가 이르노라 너희의 온전한 십일조를 창고에 들여 나의 집에 양식이 있게 하고 그것으로 나를 시험하여 내가 하늘 문을 열고 너희에게 복을 쌓을 곳이 없도록 붓지 아니하나 보라"(말3:10).

"우리가 알거니와 하나님을 사랑하는 자 곧 그의 뜻대로 부르심을 입은 자들에게는 모든 것이 합력하여 선을 이루느니라"(롬 8:28).

자동차 왕 헨리 포드는 '실패는 다시 시작할 수 있는 기회다'라고 말합니다. 기회는 언제나 있습니다, 기회를 놓치지 않는 것이 기회의 시간입니다. 골프를 즐기시는 분들은 잘 아시지만, 골프공이 원래 끝부분이 매끄러운 공입니다. 그런데 나중에는 겉부분이 매끄러운 것보다도 홈을 파서 굴곡이 생긴 공이 더 멀리 날아갈 수 있다는 것을 알고 굴곡을 만들었습니다. 이처럼 우리 인생의 길 위에도 거친 굴곡이 생겨날 때 더 위대한 삶을 살게 되는 겁니다. 좌절과 절망, 비극 속에서도 어떤 환경이나 조건 속에서도 위대한 일을 계획하고 실현하는 것이 그리스도인의 삶입니다.

존스 프레벨은 '인간의 한계 상황이 하나님의 기회다'라는 유명한 말을 했습니다. 인간이 절망하여 아무것도 할 수 없을 때, 하나님은 그 일을 기회로 새로운 일을 시작하신다는 것입니다. 막다른 골목길에 있는 사람, 자기를 포기한 사람에게 하나님은 구원의 손길을 베풀어 주십니다. 그러므로 우리는 창조주 하나님을 인정하고 하나님께 근거를 둔 경제 생활을 해야 합니다.

파빌리온 인베스트먼트의 CEO 윤영각 회장이 있습니다. 이분은 학창시절 공부보다는 음악과 보이스카우트 활동에 더 열심이었습니다. 밴드를 조직해 다른 학교 행사에서 연주를 하기도 했습니다. 혹시나 아들이 연예계로 빠지지는 않을까 염려하던 부모는 "더 넓은 세상을 보고 오라"며 윤 회장을 미국으로 유학보냈습니다.

윤 회장은 미국에서 열심히 교회에 나가고 열심히 공부하며 부모님의 기대에 어긋나지 않으려고 노력했지만, 동양인에 대한 차별과 놀림을 피해 갈 수는 없었습니다. 윤 회장은 이를 악물고 한국인의 저력을 제대로 보여주겠다고 결심하고, 명문 아이비리그 대학인 펜실베니아대학과 시카고대학에서 MBA과정과 국제법을 전공한 후에 워싱턴에서 통상변호사로 활동했습니다.

그는 미국에 가서 미국을 배웠고, 미국을 이해한 후 '한국을 위해 일하라'는 아버지의 당부를 잊지 않았기에 성공할 수 있었다고 고백했습니다.

윤 회장은 1991년 삼정KPMG그룹을 설립해서 우리나라를 대표하는 회계컨설팅법인으로 성장시켰습니다. 특히 1990년대 말 IMF 외환 위기로 어려움을 당할 당시 IMF 위기극복에 중추적인 역할을 수행했고, 2000년대 국제회계기준(IFRS) 도입에서도 선제적(先制的) 대응을 하며, 한국기업이 투명하고 지속 가능한 발전이 가능하도록 기여했다는 평가를 받았습니다. 그는 "대표이사란 자리가 무겁고 외로운 자리이지만 하나님이 늘 옆에 계시기에 항상 상의하고 의지할 수 있어서 감사드린다"고 고백했습니다.

인생이 어려울 때일수록 더욱 철저한 순종의 생활을 해야 하나님이 주시는 복과 기적을 체험할 수가 있습니다. 우리에게 닥치는 불황을 극복하려면, 창조주 하나님을 믿어야 합니다. 부정적인 말을 버리고 긍정적인 말을 해야 합니다.

지난날을 뒤돌아보고 하나님의 은혜를 기억하고 살아야 합니다. 철저히 하나님께 근거를 둔 경제생활을 하며, 인생의 우선순위를 바로 세워야 합니다. 이런 사람은 시냇가에 심은 나무가 가뭄이 와도 시들지 않는 것과 같이, 인생의 불황 중에도 기적과 복을 더욱 체험할 수 있습니다.

고난 속에서 만난 예수님

살면서 고난이나 실패가 없으면 얼마나 좋겠습니까? 크기가 다를 뿐 누구에게나 다 고난은 있습니다. 중요한 것은, 고난을 통해 절망과 죽음을 보는 사람이 있는가 하면 희망과 생명을 찾는 사람이 있습니다. 고난 때문에 한숨 쉬고 낙심하고 하나님을 원망하는 사람이 있는가 하면, 고난과 싸우고 그 고난 속에서 믿음을 키워 승리하는 사람도 있습니다.

예수님이 빈 들에서 물고기 두 마리와 보리떡 다섯 개로 오천 명을 먹이시는 기적을 행하셨습니다. 그리고 제자들을 배에 태워 갈릴리 호수를 건너가게 하시고, 예수님은 기도하시러 산으로 가셨습니다. 그런데 갑자기 갈릴리 바다에 풍랑이 일기 시작했습니다. 제자들 대부분은 뱃사람 출신이어서 갈릴리 바다의 풍랑이 얼마나 두려운지를 잘 알았습니다. 두려워서 어쩔 줄 모르는 제자들에게 예수님이 물 위로 저벅저벅 걸어오셨습니다.

제자들은 물 위로 걸어오는 예수님을 보고 놀라 유령이라고 소리쳤습니다. 몇 시간 전에 오병이어의 기적을 행하신 예수님의 능력을 까마득하게 잊어버리고, 물 위를 걸어오시는 예수님을 유령이라고 소리 지른 것입니다. 그러나 예수님은 제자들에게 "안심해라. 내니 두려워 말라"고 마음에 평안을 주셨습니다.

그때 베드로는 "만일 주님이시거든 나를 명하사 물 위로 오라 하소서"라고 간청했습니다. 예수님이 오라고 하시자 베드로는 용기를 내서 배에서 내려 물 위를 걸었습니다. 그런데 갑자기 바람이 불고 파도가 출렁거렸습니다. 베드로가 예수님을 바라보고 갈 때는 아무 문제가 없었으나, 바람을 보고 파도를 보자 두려움이 밀려와 물속으로 빠져들어 간 것입니다. 베드로가 도와달라고 소리를 지르자 예수님이 손을 잡고 건져 주시며 "믿음이 적은 자여 왜 의심하였느냐"고 책망하셨습니다.

우리도 때로는 인생에 풍랑을 만날 때가 있고 고난을 당할 때도 있습니다. 제자들도 예수님의 말씀에 순종하여 갔는데 풍랑이 닥쳤습니다. 누구나 고난을 겪을 수 있습니다. 우리가 고난 당할 때 예수님이 우리를 찾아오시고, 우리는 예수님을 바라보면 그 고난을 극복할 수 있고, 풍랑이 이는 바다도 걸어갈 수 있습니다. 하지만 풍랑만 바라보고 이 세상만 본다면 낙심하고 절망하게 될 것입니다.

하나님께서 우리에게 믿음을 주셔서 고난을 극복하게 하심을 믿고 기도해야 합니다.

예수님을 떠난 인생은 고난을 만난다.

"예수께서 즉시 제자들을 재촉하사 자기가 무리를 보내는 동안에 배를 타고 앞서 건너편으로 가게 하시고, 무리를 보내신 후에 기도하러 따로 산에 올라가시니라 저물매 거기 혼자 계시더니, 배가 이미 육지에서 수 리나 떠나서 바람이 거스르므로 물결로 말미암아 고난을 당하더라"(마14:22-24).

예수님은 제자들을 먼저 배에 태워 갈릴리 호수를 건너가게 하시고 자신은 혼자 기도하러 산으로 올라가셨습니다. 이처럼 우리도 하나님 앞에 기도하는 시간을 가져야 합니다. 가정을 위해서 기도하고 직장과 사업을 위해서도 기도해야 합니다. 자녀를 위해 기도해야 합니다.

제자들이 배를 타고 항해할 때, '배가 이미 육지에서 수 리나 떠나서 바람이 거스르므로 물결로 말미암아 고난을 당하더라'(마14:24)는 상황에 놓였습니다.

제자들이 항해할 때 고난을 겪은 것처럼 우리의 인생에도 고난이 있을 수 있습니다. 그런데 어떤 사람은 고난이 닥치면 왜 그런 일이 생기는지 이해하지 못합니다. 병이 들 수도 있고, 사업이 망할 수도 있어요. 일이 잘못될 수도 있고, 사고가 날 수도 있습니다. 그러나 고난이 문제가 아니라, 고난이 닥칠 때 그 고난을 어떻게 극복하느냐가 더 중요한 것입니다.

요나서 1장을 보면, 요나가 하나님 말씀에 불순종하여 니느웨로 가지 않고 배를 타고 다시스로 도망갔습니다. 하나님은 바다에 큰 풍랑을 일으키시고, 요나에게 고난을 주셔서 요나로 하여금 물고기 배 속에서 회개케 했습니다. 그리고 하나님 말씀에 순종하게 만드셨습니다.

순종하는 사람도 고난을 당할 수 있고 불순종하는 사람도 고난을 당할 수 있습니다. 그러나 우리가 고난 당할 때 분명히 기억해야 할 것은, 하나님 앞으로 더 가까이 나가야 합니다. 교만을 버리고, 불순종을 버려야 합니다. 하나님 말씀에 순종해야 합니다.

미국의 강철왕 카네기는 '성공한 사람은 대개 험한 역경 속에서도 꿋꿋하게 그것을 극복한 사람들이다'라고 말했습니다. 자신의 환경이 어떠하든지 그 자체가 중요한 것이 아니라, 그 운명을 어떻게 극복하고 앞으로 나가느냐가 더 중요합니다.

역경지수란 말이 있는데, 역경을 이겨내는 지수를 말합니다. 대부분 크게 성공한 사람들은 대개 역경지수가 높다고 합니다. 사람들이 역경에 부딪혔을 때 거기에 대처하는 반응이 세 가지라고 합니다. 첫 번째 반응은 역경이 닥치면 대부분의 사람은 그냥 주저앉아 포기하거나 도망가 버립니다. 두 번째 반응은 안주하려고 합니다. 역경이 닥칠 때 극복하고 이기기 보다는 현상 유지만 원하고 적당히 편안하게 살려고 합니다. 세 번째 반응은 정복하려고 하는 사람이 있습니다. 산을 보면 정상에 올라 산을 정복하고 싶어 하는 것처럼, 있는 힘을 다 해 역경을 극복합니다. 이런 사람은 성공하고 무언가를 이루어내게 됩니다.

여러분은 어디에 속합니까? 포기형입니까? 안주형입니까? 정복형입니까? 하나님은 정복하겠다는 의지를 가지고 믿음으로 구하는 사람과 함께 하시고 승리하게 만들어 주십니다.

前 미국 국무장관 콜린 파월(Colin Luther Powell, 1937-2021)은 그의 이력만 놓고 보면 절대로 장관이 될 수 없는 사람입니다. 그는 자메이카에서 이민 온 부모님 밑에서 태어났고, 뉴욕에서 가장 가난한 할렘에서 자랐습니다. 학교 성적도 평범해서 우등생 대열에 들지도 못했습니다. 그러나 파월은 특유의 밝은 성격과 긍정적인 성격으로 역경을 헤쳐나가서 장관의 자리에 오를 수 있었는데, 파월이 직접 밝힌 '콜린 파월

의 인생 규칙'이 있습니다.

1. 아무리 나쁜 상황이라도 점점 나아질 가능성이 있다.
2. 선택은 신중하게 하되, 일단 시작하라.
3. 다른 사람이 나의 선택을 대신하게 하지 말라.
4. 사소한 일을 중요하게 생각하라.
5. 침착하라, 친절하라!
6. 공(功)을 절대로 혼자서 차지하지 말라.
7. 긍정적인 행동과 시각은 지속적으로 이루어져야 한다.

아무리 좋은 내용과 습관도 지속되지 않으면 의미가 없습니다. 영육이 풍성해지는 좋은 습관들을 지속적으로 이어가야 합니다. 반드시 복되고 형통할 것입니다.

포기하지 않는 끈기와 긍정적인 좋은 습관을 가져야 합니다. 나만의 인생 규칙을 만들어 보십시오. 우리가 긍정적인 믿음을 가지고 적극적인 자세를 가지고 하나님 앞으로 나가면 하나님이 반드시 도와주실 것입니다.

지금 고난을 당하고 있습니까? 왜 내 인생에 고난이 왔는가? 이런 시련이 왔는가? 뒤돌아보시기 바랍니다. 혹시 예수님과 떨어져 있지는 않습니까? 여러분의 인생의 배에 예수님 없이 혼자 있지는 않습니까? 고난 가운데서 베드로처럼 예수님을 찾으시기 바랍니다. 그 고난 앞에 낙심하고 절망하고 실망할 것이 아니라 예수님께 부르짖어 기도하기 바랍니다. 내 인생이란 배에 주님이 함께 하는지 뒤돌아보고, 주님만 바라보고 주님과 동행하는 복된 인생이 되시기를 바랍니다.

고난보다 무서운 불신앙을 버려라.

"밤 사경에 예수께서 바다 위로 걸어서 제자들에게 오시니, 제자들이 그가 바다 위로 걸어오심을 보고 놀라 유령이라 하며 무서워하여 소리 지르거늘, 예수께서 즉시 이르시되 안심하라 나니 두려워하지 말라"(마14:25-27).

성지 순례 온 관광객이 예수님을 몰라봤다든지, 로마에서 온 관광객이 알아보지 못했다면 말이 됩니다. 그러나 예수님과 3년 동안 함께 먹고 자며 동고동락했던 제자들이 예수님을 알아보지 못했다는 것이 말이 됩니까? 이것은 제자들의 믿음의 눈이 어두워졌기 때문입니다.

"믿음은 바라는 것들의 실상이요 보이지 않는 것들의 증거니"(히11:1)라고 하신 말씀처럼, 믿음이 있으면 실상을 볼 수가 있습니다. 눈에 보이지 않아도 하나님을 보고 천국을 볼 수 있습니다. 그러나 믿음의 눈이 닫히면 함께 다니던 예수님도 유령으로 보이는 것입니다.

그래서 고난 자체보다 더 무서운 것은 불신앙입니다. 실패보다 더 무서운 것은 고난보다 더 가까이 계신 주님을 알아보지 못하는 것입니다. 고난은 누구에게나 있습니다. 그러나 고난을 해결하시는 주님은 더 가까이 내 곁에 계십니다. 주님보다 고난을 바라보며 겁내고 두려워하는 것이 더 큰 문제입니다. 우리 속에 있는 이 불신앙을 버릴 때 인생의 승리자가 됩니다.

고난 중에 주님의 손을 잡아라.

"베드로가 대답하여 이르되 주여 만일 주님이시거든 나를 명하사 물 위로 오라 하소서 하니, 오라 하시니 베드로가 배에서 내려 물 위로 걸어서 예수께로 가되, 바람을 보고 무서워 빠져 가는지라 소리 질러 이르되 주여 나를 구원하소서 하니, 예수께서 즉시 손을 내밀어 그를 붙잡으시며 이르시되 믿음이 작은 자여 왜 의심하였느냐 하시고"(마14:28-31).

물론 베드로도 주님의 손을 붙잡았습니다. 성경해석학자 윌리엄 바클레이는 베드로의 위기 극복에 대하여 '그는 궁극적으로 실패하지 않았다. 이유는 실패한 순간 언제나 그리스도를 붙잡았기 때문이다. 그는 언제나 쓰러졌다가 다시 일어섰고, 실수했으나 주께로 더 가까이 갔다. 성자란 결코 넘어지지 않는 자가 아니라 쓰러졌다 하더라도 다시 일어나 전진하는 자다.'라고 설명했습니다.

문제는 내가 지금 예수님의 손을 붙잡고 있느냐입니다. 주님 손을 붙잡고 있다면 실패도 절망도 문제가 되지 않습니다.

옛날 시골에서 여인들이 물동이에 물을 길어 머리에 이고 갈 때면 물 위에 나뭇잎 몇 개를 띄우고 갔다고 합니다. 이유는 그래야 물이 넘치지 않기 때문입니다.

성 프란시스는 '그대의 마음이 근심에 싸이고 흔들리면 그대의 마음 가운데 십자가를 놓으라. 그리하면 그대의 마음이 흔들리지 않게 되리라.'고 말했습니다.

우리에겐 위기가 많습니다. 건강의 위기, 가정의 위기, 경제적 위기, 사회적 위기, 정치적 위기 등 그 수를 셀 수가 없을 정도로 많습니다. 그러나 갈릴리 바다의 풍랑을 잔잔케 하신 주님의 손을 오늘 우리가 붙잡는다면, 위기는 변하여 복이 되고, 최상의 기회가 될 것입니다.

영국 런던 황실 아카데미에 유명 바이올리니스트 피터 구르터라는 사람이 있었습니다. 이 사람도 다른 바이올리니스트처럼 평생 소원이 스트라디바리우스라는 사람이 만든 바이올린을 가지고 연주하는 것이었습니다.

마침내 그는 258년 전 스트라디바리우스가 만든 바이올린을 가지고 핀란드에 가서 연주하게 됐습니다. 그는 흥분했습니다. 그런데 그만 흥분한 피터 구르터는 스트라디바리우스의 바이올린을 안고 가다가 넘어지는 바람에 그 바이올린이 깨지고 말았습니다. 그 바이올린으로 연주할 수가 없게 되었고, 그의 꿈은 산산조각이 났습니다.

실망과 낙심 가운데 있는 구르터에게 런던에서 악기 수리를 제일 잘하는 기사가 그 바이올린을 고쳐보겠다고 해서 보냈더니 감쪽같이 고쳐 주었습니다. 그래서 고친 바이올린을 가지고 연주했는데 오히려 깨지기 전보다 더 아름다운 소리가 나서 큰 찬사를 받았다는 유명한 이야기가 있습니다.

어떻게 보면 우리는 다 깨어졌던 사람입니다. 주님의 사랑의 손길이 아니면 고칠 수 없는 상처투성이인 쓸모없는 인생들입니다. 그러나 우리 인생의 창조자이신 주님이 사랑의 손길로 치유해 주시고, 우리를 온전케 해주셔서 과거보다 더 좋고 더 귀한 존재가 되도록 변화시켜 주셨습니다. 그러므로 인생의 험한 풍파 중에도 베드로처럼 믿음으로 주님의 손을 붙들고 의지하므로 이기며 나가기를 바랍니다.

예수님이 함께 하는 인생은 평안하다.

"배에 함께 오르매 바람이 그치는지라, 배에 있는 사람들이 예수께 절하며 이르되 진실로 하나님의 아들이로소이다 하더라"(마 14:32-33).

우리는 고난의 풍파가 다가올 때 '하나님이 나를 버리셨나? 하나님이 이제는 나와 함께 하시지 않는구나!' 하고 의심하게 되지만, 조금도 그러한 생각을 받아들여서는 안 됩니다.

요셉은 아버지의 사랑도 독차지하고 하나님의 사랑도 받으며 하나님이 늘 함께하시는 사람이었는데, 형들의 시기로 애굽의 종으로 팔려가고 억울하게 감옥살이도 했습니다. 성경에 보면 하나님께서 요셉과 함께 하시므로 고난과 역경 중에도 형통했다고 말씀합니다.

"두려워하지 말라 내가 너와 함께 함이라 놀라지 말라 나는 네 하나님이 됨이라 내가 너를 굳세게 하리라 참으로 너를 도와 주리라 참으로 나의 의로운 오른손으로 너를 붙들리라"(사41:10).

어떤 고난과 역경 속에서도 하나님이 나와 함께 하심을 믿어야 합니다.

"사람이 감당할 시험 밖에는 너희가 당한 것이 없나니 오직 하나님은 미쁘사 너희가 감당하지 못할 시험 당함을 허락하지 아니하시고 시험 당할 즈음에 또한 피할 길을 내사 너희로 능히 감당하게 하시느니라"(고전10:13).

어떤 고난과 역경 속에서도 하나님께서 반드시 나를 버리지 아니하시고 구원해 주신다는 것을 의심하지 말아야 합니다.

이스라엘 백성들이 애굽에서 나왔을 때 얼마 안 가서 홍해 바다가 가로막았습니다. 게다가 애굽 군대가 뒤에서 쫓아왔습니다. 이때 이스라엘 백성들은 모세와 하나님을 원망하고 울부짖었습니다.

'왜 우리를 여기까지 끌고 와서 우리를 죽이려 하느냐. 차라리 애굽에서 종살이 하는 것이 여기서 죽는 것보다 낫겠다.' 고 탄식했습니다.

그 때 모세가 이스라엘 백성들에게 '너희는 두려워 말고 가만히 서서 여호와께서 오늘날 너희를 위해 행하시는 구원을 보라 너희가 오늘 본 애굽 사람을 또 다시는 영원히 보지 못하리라 여호와께서 너희를 위하여 싸우시리니 너희는 가만히 있을지니라'고 말했습니다.

모세의 말대로 하나님의 역사가 나타나서 홍해 바다가 육지같이 갈라져서 이스라엘 백성들이 다 건너가고, 뒤쫓아오던 애굽의 군사는 홍해 바다가 다시 합쳐지므로 전부 물속에 수장됐습니다.

진퇴양난으로 앞으로도 나갈 수 없고 뒤로도 물러설 수 없는 처지에서 꼭 죽을 것만 같아도 하나님이 함께 하시고 반드시 환난에서 구원해 주십니다.

너무 큰 시험을 만나고 기가 막힌 일을 당하면 기도도 안 되고, 기도해 보았자 문제가 너무 커서 하나님께서 해결해 주실 것 같지 않다고 생각하기 쉽습니다. 그러나 아무리 큰 문제라 할지라도 그 문제보다 크신 하나님의 능력을 믿고 더욱 간절히 기도해야 합니다. 내 생각에는 사방이 꼭꼭 막히고 꼼짝 못하고 죽을 것 같지만 기도에는 불가능이 없습니다.

"일을 행하시는 여호와, 그것을 만들며 성취하시는 여호와, 그의 이름을 여호와라 하는 이가 이와 같이 이르시도다, 너는 내게 부르짖으라 내가 네게 응답하겠고 네가 알지 못하는 크고 은밀한 일을 네게 보이리라"(렘33:2-3).

"예수께서 이르시되 할 수 있거든이 무슨 말이냐 믿는 자에게는 능히 하지 못할 일이 없느니라 하시니"(막9:23).

"너희가 내게 부르짖으며 내게 와서 기도하면 내가 너희들의 기도를 들을 것이요, 너희가 온 마음으로 나를 구하면 나를 찾을 것이요 나를 만나리라"(렘29:12-13).

기도는 문제를 해결하는 만병통치약입니다. 기도는 호텔의 마스터키와 같습니다. 호텔의 마스터키는 어느 문이든 다 열 수 있습니다. 인생의 가장 좋은 무기는 기도입니다. 믿음으로 구하고 간절히 기도하면 반드시 응답해 주십니다. 하나님이 내 인생을 붙들고 계심을 믿고, 하나님이 나와 함께 함을 믿고 기도하면 하나님이 도와주십니다.

그러므로 우리는 겸손히 하나님을 의지해야 합니다. 교만하면 안 됩니다. 하나님 없이 무언가를 이루었다면 그것 때문에 망하는 날이 올 것입니다. 그러므로 우리는 잘될 때나 안될 때나 어느 때든지 하나님을 의지해야 합니다.

박심보 장로님은 대구 성서 공업단지에서 폴리에스테르 직물 염색 가공업을 시작했습니다. 그런데 공장을 하기 전 열심히 기도했는데, 공장이 자리 잡고 잘되자 자신도 모르게 기도도 하지 않고 교회도 가지 않았습니다.

돈 벌고 쓰는 재미에 빠져서 장로인데도 주일에도 낚시를 가고 심지어 아이들까지 데리고 놀러 가기도 했습니다.

그러던 어느 날 부인 권사님이 "여보, 하나님께 이래도 돼?"라고 했습니다. 그러나 장로님은 "나 혼자 해도 회사가 잘 돌아가니까 걱정하지 마. 하나님이 도와주시지 않으셔도 괜찮아."라고 대답했습니다.

그러던 어느 날 갑자기 부도가 나고 말았습니다. 그제서야 장로님은 "하나님, 용서해 주세요. 제가 너무 교만했어요. 이제부터 사나 죽으나 하나님을 위해 살겠어요. 나를 살려주세요."하고 철저하게 회개 기도했습니다.

그렇게 매일 기도하고 있는데, 어느 날 아는 후배가 찾아와서 자신이 경영하던 공장을 사정이 생겨 못하게 됐다면서 맡아 달라고 하는 것입니다.

그래서 그 공장을 맡아 다시는 교만하지 않겠다고 다짐하며 하나님께서 해달라고 기도했습니다. 그러자 공장이 얼마나 잘되는지 연간 매출 60억에 달하게 됐고 다시 성공하여 하나님의 복을 받게 됐습니다. 그래서 이제는 '하나님과 항상 함께 하기를 원합니다.'라고 간증했습니다.

재물을 모았다고 교만하지 마십시오. 공장과 회사가 잘 돌아간다고 큰소리치지 마십시오. 하나님 앞에 경거망동하거나 함부로 말하지 마십시오. 그런 사람들은 반드시 실패합니다. 그러나 끝까지 겸손하게 하나님을 의지하고 감사하고 찬송하고 영광 돌리면 하나님께서 함께 하셔서 30배, 60배, 100배, 천 배, 만 배로 복과 은총을 베풀어 주십니다.

인생을 살면서 고난을 바라보면 헤어날 길이 없습니다. 그러나 그 누구라도 예수님을 바라보고 부르면 고난의 바람은 그치고 평안과 감사의 기적이 다가오는 것입니다. '예수님께서 배에 함께 오르매 바람이 그치는지라'(마14:32). 그러셨습니다. 예수님만이 내 마음의 풍랑을 잔잔케 하실 수 있습니다. 가정의 풍랑, 사업의 풍랑, 역사의 풍랑, 죄악의 풍랑도 예수님만이 잔잔케 하실 수 있습니다. 그러려면 예수님이 제자들이 탄 배에 오르셨던 것처럼 우리가 탄 배에도 오셔야 합니다. 그리고 소리 질러 구원해 달라고 기도해야 합니다.

고난이 문제였던 것이 아니라 믿음 없는 것이 문제이며 의심하는 것이 문제입니다. 소리 질러 주님을 찾지 않는 것이 문제입니다.

미국 애리조나주에 가면 스칼렛길리아라는 야생화가 있습니다. 그런데 이 꽃은 잘라내고 뜯어낼수록 더 번성하고 잘 자란다고 합니다. 고난을 맛보아야 더 번성하는 꽃인 셈입니다.

장미는 가시 때문에 더더욱 그 명성을 떨치고 꽃 중의 꽃으로 자리를 지키고 있습니다. 백합화는 가시에 찢겨야 그 향기가 전해지고, 바람이 불어야 멀리멀리 향이 퍼집니다. 일부러 고난을 자초하거나 선택할 필요는 없지만, 이왕 겪는 고난이라면 기도합시다. 믿고 주님을 바라봅시다. 고난을 바라보지 말고, 그 고난을 평정하시는 예수님을 바라보며, 예수님을 내가 타고 가는 고난의 배에 모십시다.

인생의 마라를 극복하라

　4대째 믿음의 가정에서 태어난 어느 여집사님이 사업 수완이 뛰어나 대학생 시절부터 사업을 해서 100평대 안경점을 경영하면서 사업가로 승승장구했습니다. 그런데 가까운 친구의 보증을 섰다가 그만 파산하고, 빚을 갚을 수 없게 되자 빚쟁이들이 몰려왔습니다.

　밤낮으로 빚 독촉에 시달리고 스트레스를 받아서 죽어야겠다고 생각하고 물에 뛰어들었는데, 그 순간 십자가에 달린 주님을 보게 되었습니다. 집사님은 주님의 은혜를 깨닫고 눈물로 기도하고 교회로 돌아왔습니다.

　교회에 나와서 마음의 문을 열고 말씀을 들을 때, 목사님 말씀이 귀에 쏙쏙 들어왔습니다. "사람이 감당할 시험밖에는 주시지 않는다."는 말씀과 "무엇을 먹을까 무엇을 입을까 염려하지 말라."고 하신 말씀을 듣고 큰 감동을 받았습니다.

집사님은 후에 이렇게 고백했습니다.

"나는 선택의 여지가 없었어요. 그때부터 당장 믿음으로 살기로 결정했어요. 지금까지 나의 힘과 능력으로 살았던 모든 것을 주님 앞에 다 내려놓고, '주님 나를 살려주세요! 나를 불쌍히 여겨주세요!' 눈물로 기도하고 또 눈물로 기도하고 또 눈물로 기도했더니, 주님이 도와주셔서 주님이 나를 위해 일하시기 시작했어요. 저와 남편에게 새로운 사업의 길을 열어주시고 복을 주시는데요, 50억이나 되는 빚을 5년 만에 다 갚았어요."라고 간증을 하면서, 주위 5km 이내에 있는 가난한 사람을 돕는 구제 선교 활동을 열심히 전개하고 있습니다.

살다보면 모든 일이 기대한 대로 잘 될 때가 있고, 하나님의 은총이고 부어주시는 복이라고 느껴질 때가 있습니다. 그래서 춤추고 노래를 부르고 싶고 행복을 느끼는 순간이 있습니다. 하지만 인생이 행복하고 좋다고 느끼는 순간, 갑자기 폭풍

우에 휘말릴 때도 있습니다. 맑고 푸른 하늘이 갑자기 먹구름으로 변하듯이 갑자기 고통이 다가오기도 합니다.

우리는 언제 어디서 무슨 일을 만날지 예측할 수가 없습니다. 문제는 우리가 어려움을 당할 때, 그 어려움을 어떻게 극복하는가입니다. 하나님의 섭리를 모르는 사람은 환난을 당할 때 비관하고, 때로는 자신의 생을 포기하기까지 합니다. 그러나 하나님의 섭리를 아는 사람은 전능하신 하나님께 기도하며, 고통의 쓴 물을 복의 단물로 바꾸어 냅니다.

출애굽기 15장을 보면, 이스라엘 백성들이 고통의 땅 애굽에서 하나님께 부르짖었을 때 하나님이 응답하셔서 모세를 통해 10가지 재앙을 애굽에 내리셨습니다. 그러자 바로가 이스라엘 백성의 출애굽을 허락하고, 이스라엘 백성들은 기쁨과 감격 속에서 홍해를 건너 하나님의 구원을 체험하고 감격 속에서 춤추며 감사, 감격의 노래를 부르며 행진을 했습니다. 뒤쫓아오던 애굽의 바로 군대를 홍해 바다에 수장시킨 전능하신 하나님을 찬양했습니다. 이스라엘 백성들이 얼마나 신바람 났겠습니까? 얼마나 감격스러웠겠습니까?

그런데 "모세가 홍해에서 이스라엘을 인도하매 그들이 나와서 수르 광야로 들어가서 거기서 사흘 길을 걸었으나 물을 얻지 못하고"(출15:22) 라고 말했습니다.

광야 사막에서 가장 중요한 것은 물입니다. 그런데 사흘 길이나 갔는데 물이 없다니 얼마나 목이 탔겠습니까? 그 때 누군가 물을 발견했습니다. 하지만 그 물은 마실 수 없는 쓴 물이었습니다. 그들은 이곳 이름을 '마라'라고 불렀습니다. '마라'란 영어로 'Bitterness; 쓰디쓴 고통'이란 뜻입니다.

인생길에는 홍해를 건너는 극적인 승리와 환희만 있는 것이 아닙니다. 마라 같은 쓰디쓴 고통도 있습니다. 사업이 파산하고, 건강을 잃고, 가족과 헤어지고, 직장에서 쫓겨나는 삶의 고통을 경험하기도 합니다. 그러나 하나님께서는 쓴 물을 단 물로 바꾸어주십니다.

"모세가 여호와께 부르짖었더니 여호와께서 그에게 한 나무를 가리키시니 그가 물에 던지니 물이 달게 되었더라"(출15:25).

인생길에서 마라를 만났을 때 어떤 자세로 살아야 합니까?

문제 앞에서 원망, 불평하지 말라.

"백성이 모세에게 원망하여 이르되 우리가 무엇을 마실까 하매"(출15:24).

이스라엘 백성들은 불과 사흘 전에 홍해를 건넜을 때는 춤추고 찬양하며 하나님께 영광을 돌렸습니다. 그런데 사흘 후에는 하나님을 원망하고 불평하고 있습니다. 이것이 바로 인생입니다. 이것이 우리들의 모습 아닙니까?

원망이란 환경이 내가 기대했던 것처럼 되지 않을 때 일어나는 감정의 표현이라고 말합니다. 사람들이 왜 원망합니까?

사회학자가 본 원망의 특징 세 가지가 있습니다.

첫째는 원망을 습관화하는 것입니다. 사람이 원망을 반복하다 보면 버릇이 됩니다. 상황과 환경이 어떠하든지 원망을 자꾸 하면 습관화됩니다. 원망하는 사람은 어떤 환경에서도 또 원망합니다.

"그들 가운데 어떤 사람들이 원망하다가 멸망시키는 자에게 멸망하였나니 너희는 그들과 같이 원망하지 말라. 그들에게 일어난 이런 일은 본보기가 되고 또한 말세를 만난 우리를 깨우치기 위하여 기록되었느니라"(고전10:10-11).

두 번째로 원망을 집단화하는 것입니다. 원망하는 사람은 원망하는 사람끼리 모이고, 불평하는 사람은 불평하는 사람끼리 모입니다. 그래서 원망은 점점 확산되고 집단화되고 망하게 하는 무서운 결과를 가져옵니다.

마지막으로 원망을 폭력화하는 것입니다. 원망을 집단화한 다음에는 폭력으로 변합니다. 불평하고 원망하다가 폭력을 쓰게 되는 것입니다.

이스라엘 백성들이 홍해 앞에서 원망했습니다. 광야에서 먹

을 것이 없다고, 마실 것이 없다고 원망했습니다. 광야길이 힘
들다고 어렵다고 원망했습니다. 10명의 부정적인 정탐꾼들
의 보고를 듣고 가나안 땅에 들어갈 수 없다고 원망했습니다.

"나를 원망하는 이 악한 회중에게 내가 어느 때까지 참으랴 이
스라엘 자손이 나를 향하여 원망하는 바 그 원망하는 말을 내가
들었노라. 그들에게 이르기를 여호와의 말씀에 내 삶을 두고 맹
세하노라 너희 말이 내 귀에 들린 대로 내가 너희에게 행하리니,
너희 시체가 이 광야에 엎드러질 것이라 너희 중에서 이십 세 이
상으로서 계수된 자 곧 나를 원망한 자 전부가, 여분네의 아들 갈
렙과 눈의 아들 여호수아 외에는 내가 맹세하여 너희에게 살게
하리라 한 땅에 결단코 들어가지 못하리라"(민14:27-30).

하나님은 모두 다 듣고 계십니다. 그래서 "형제들아 서로 원
망하지 말라 그리하여야 심판을 면하리라."(약5:9)라고 말씀
하셨습니다.

스튜어트라는 여인은 태어날 때부터 얻게 된 심장병으로 인
하여 많은 고생을 했습니다. 그 병 때문인지 그녀에게는 '불

만, 불평하지 말라! 감사하며 찬송하라!'는 내용의 설교를 그리 좋아하지 않았습니다. 그런 설교를 들을 때마다 반발심이 생겨 '자기도 나처럼 심장병을 앓아 보라지. 그러면 저런 설교는 절대 할 수 없을거야!'라고 비웃었습니다.

스튜어트는 온갖 병원을 다 다니면서 치료를 받아보았지만 전혀 효력이 없었습니다. 그러다가 후에는 캘리포니아 오벨이라는 조그마한 마을로 이사를 가서 병상에서 나날을 보냈습니다.

그런데 그 마을에 '리'라고 부르는 부부가 가끔 찾아와서 '심장병을 고치는 길은 불평을 줄이고 감사하는 것'이라고 말해 주었습니다. 처음엔 내키지 않았으나 밑져야 본전이라는 생각에 불만과 불평을 줄여보기로 했습니다. 불평이 나올 때마다 불평 대신 감사를 하기로 했습니다. 그랬더니 불만과 불평이 사라지고 감사하는 마음이 더 커지는 것을 느꼈습니다.

리 부부는 또 자연의 아름다움을 감사하라고 충고해 주었습니다. 그 충고대로 스튜어트는 꽃이나 새소리, 맑은 하늘, 푸

른 잎새를 주신 하나님께 감사하기 시작하자 무디어졌던 온
몸의 감각이 찬양으로 가득 차는 것을 느끼기 시작했습니다.

리 부부는 그녀에게 이제는 이웃들을 불러서 하나님이 당신
에게 얼마나 큰 은혜를 주시며 사랑하시는가를 고백하고 간
증하라고 했습니다. 그러나 스튜어트는 아직도 건강이 완전
히 회복되지 않았는데, 재발하면 어쩌나 하는 두려움 때문에
간증은 차마 할 수가 없었습니다.

그러나 그 부부가 하도 강조하기에, 하루는 동네 사람들을
불러 모으고, 하나님이 주신 은혜와 사랑을 감사하고 고백하
며 간증했습니다. 그러자 모인 사람들이 은혜를 받고 함께 찬
양했습니다. 그때부터 마치 덮였던 뚜껑이 활짝 열리고, 그 속
에서 생수가 솟아 올라오는 것을 느꼈습니다. 37년 만에 얻는
평안과 기쁨이었습니다.

불평과 불만이 줄어들고 감사와 찬송이 많아지자 그녀의
삶도 달라지기 시작했습니다. 가정에 큰 기쁨이 넘치기 시작
하고, 얼굴도 밝아졌고, 마음의 갈등이 사라졌습니다. 자신

도 모르는 사이에 자신을 괴롭혀 왔던 심장병이 떠났음을 알게 되었습니다.

어쩌면 하나님께서 원하셨던 치료는 그녀의 심장병이 아닌 원망과 불평, 부정적인 마음이었을지도 모릅니다.

마라의 쓴물이 없는 인생은 없습니다. 그러한 환경 가운데서도 하나님을 의식하며 감사와 찬송의 삶을 사는 것이 참으로 하나님께서 원하시는 삶입니다. 우리는 하나님께서 왜 마라의 쓴 물을 내게 하셨는지 깊이 생각해봐야 합니다. 그것은 교만과 죄를 버리고, 고통 가운데서도 하나님만 바라보고 신뢰하기를 원하시기 때문입니다.

인생을 살면서 마라의 쓴 물 같은 고통을 만나도 오히려 하나님께 불평, 불만하지 말고 감사 찬양하므로 승리하기를 바랍니다.

하나님께 부르짖는 기도를 하라.

"모세가 여호와께 부르짖었더니 여호와께서 그에게 한 나무를 가리키시니 그가 물에 던지니 물이 달게 되었더라"(출15:25).

이스라엘 백성들이 마라의 쓴 물 때문에 원망하고 불평하고 있을 때, 하나님의 사람 모세는 하나님께 부르짖어 기도했습니다. 백성들은 원망했고, 모세는 기도했습니다. 모세는 마라의 고통에서 문제를 바라보지 않고 하나님만 바라보았습니다. 인간적인 방법으로 해결하지 않고 하나님의 방법으로 해결했습니다. 인생 마라를 만났을 때 기도밖에 답이 없습니다.

교회에서 전도 왕이 될 만큼 열심 있는 한 어머니가 있었습니다. 그 어머니에게는 딸이 하나 있었는데, 이 딸은 삶에 대한 열정과 야망이 큰 여자였습니다. 그런데 인생에 여러 가지 역경과 실패가 다가오자 야망이 컸던 만큼 낙심도 컸고, 자존심에 상처를 받아 교회도 나가지 않고 절에 나가기 시작했습니다.

그렇지만 열심히 불도를 닦고, 살려고 발버둥 치고 애써도 되는 일이 없었습니다. 더욱더 고달프고 어렵고 힘들기만 했습니다. 엎친 데 덮친다고, 유방암까지 걸리고 말았습니다. 그녀는 뭉클거리는 암덩이를 붙잡고 '내가 병에 걸려도 싸지. 죗값을 받았어. 엄마의 마음을 아프게 하고 우상을 숭배하니까 벌 받았어.' 하고 스스로 자책했습니다.

병원에서는 5%의 가능성도 없다고 했습니다. 그래도 가족들은 포기할 수 없어서 병원에 입원시켰습니다. 입원실에 들어가기 전에 엄마는 딸을 붙잡고 "너 죽으면 나도 죽는다"라고 했습니다. 엄마의 그 말에 가슴이 무너지는 것 같았습니다.

"하나님! 우리 엄마가 무슨 죄가 있나요? 홀로 되셔서 지금까지 고생하고 나 하나만 바라보고 사셨는데, 내가 어머니에게 제대로 효도 한 번 못했는데, 엄마는 나 죽으면 같이 죽는답니다. 엄마를 위해서라도 저를 살려주세요. 날 위해 살려주지 마시고 어머니를 위해서 살려주세요."라고 울면서 수술대 위에서 기도했습니다.

그 순간, 갑자기 시뻘건 손이 나타나더니 가슴을 감싸 안고 쥐어짜는 것 같은 느낌이 들었답니다. 그리고 온몸이 찌릿찌릿해서 보니까 몸에서 불타는 냄새가 났습니다. 뭔가를 불로 지지는 소리가 나면서 이상하게도 몸이 시원해졌습니다.

마침내 수술하려고 들어 온 의사에게 "선생님! 죄송하지만 마지막 부탁이 있어요. 내 몸을 다시 한번만 검진해 주세요." 라고 부탁했습니다.

의사는 기막히다는 듯, "암이 온몸에 쫙 퍼졌는데 무슨 검사를 다시 해요." 하고 짜증을 냈습니다. 그래도 다시 한번 검진해 달라고 부탁했습니다. 할 수 없이 다시 검진한 결과 몸에 암세포가 깡그리 없어진 것을 확인한 의사는 깜짝 놀랐습니다. 기도의 기적이 일어난 것입니다.

"그들이 광야 사막 길에서 방황하며 거주할 성읍을 찾지 못하고, 주리고 목이 말라 그들의 영혼이 그들 안에서 피곤하였도다. 이에 그들이 근심 중에 여호와께 부르짖으매 그들의 고통에서 건지시고"(시107:4-6).

기도는 문제해결이 하나님께 있음을 고백하는 신앙고백입니다. 기도가 시작될 때 벌써 문제는 해결된 것이나 마찬가지입니다. 문제의 근원적인 해결이 하나님께 있기 때문입니다. 우리가 살아계신 하나님께 기도할 때, 하나님은 이미 해결책을 가지고 계신다는 것을 믿기 바랍니다.

원망한다고 상황이 변하는 것이 아닙니다. 원망한다고 문제가 해결되지 않습니다. 그러나 기도하면 상황을 변화시키고 문제가 해결됩니다.

모세가 기도할 때 하나님이 한 나무를 가리키셨습니다. 모세가 그 나무를 집어서 마라의 쓴물에 던지니까 단물이 됐다고 성경은 말합니다. 기도하기 전까지는 보이지 않던 해답이 기도와 함께 보인 것입니다.

미국 28대 대통령인 우드로 윌슨이 한번은 국제적인 협상 문제에 큰 어려움을 겪게 되었습니다. 문제를 해결해 보려고 하면 할수록 더 어렵게 꼬여만 갔습니다. 윌슨은 자신이 할 수 있는 방법은 오직 기도라고 확신하고, 각료 회의에서 비장한 음성으로 이렇게 말했습니다.

"각료 여러분, 여러분은 어떻게 생각할지 모르지만 저는 하나님의 능력을 믿습니다. 지금 우리는 큰 어려움에 직면해 있습니다. 함께 기도함으로 이 세상을 주관하시는 하나님께 도움을 청합시다."

그리고 대통령과 각료들은 간절히 하나님께 기도했습니다. 그러자 국제 문제가 기적같이 해결됐습니다. 윌슨 대통령이 겸손하게 하나님께 무릎 꿇고 부르짖어 기도할 때 문제가 해결됐습니다.

아직도 자신의 권위와 명예를 내려놓지 못하고, 겉옷을 벗어 던지지 못한 사람은 교만한 사람입니다. 겸손하게 엎드려 기도하는 길만이 우리가 선택할 유일한 방법입니다.

기도란 단순히 어떤 것을 구하며 얻는 것만이 아닙니다. 우리의 시선을 하나님께 돌리는 것입니다. 우리가 모든 일이 잘 풀려 갈 때는 진정한 복의 근원을 잊어버릴 때가 많습니다. 내게 생명 주시고 건강과 지혜를 주신 분이 하나님이란 사실을 망각할 때가 많습니다.

인생의 쓴물 마라를 통해 잊어버렸던 하나님을 다시 찾고 바라보기를 바랍니다. 내가 만난 마라의 쓴물이 하나님께 부르짖어 기도하므로 단물로 변화되기를 바랍니다.

하나님 말씀에 순종하라.

"이르시되 너희가 너희 하나님 나 여호와의 말을 들어 순종하고 내가 보기에 의를 행하며 내 계명에 귀를 기울이며 내 모든 규례를 지키면 내가 애굽 사람에게 내린 모든 질병 중 하나도 너희에게 내리지 아니하리니 나는 너희를 치료하는 여호와임이라"(출15:26).

"여호와께서 그에게 한 나무를 가리키시니 그가 물에 던지니 물이 달게 되었더라"(출15:25).

이스라엘 백성들이 출애굽해서 광야로 나온 이유가 무엇입니까? 하나님 말씀에 순종하기 위해서 나온 것입니다. 그런데 순종한 결과로 홍해에서 죽을 뻔했습니다. 광야로 나와서는 물이 없어서 고통 중에 죽을 뻔했습니다. 말씀에 순종한 결과로 너무 고통스러운 일을 당한 것입니다. 그러나 이 마라의 쓴물 사건은 이스라엘 백성에 대한 하나님의 시험이었습니다.

인생의 고통의 현장에서도 끝까지 변함없이 순종하는가를 하나님이 보십니다. 하나님은 실직이나 혹은 입학시험에 떨어진 어려운 일을 당했을 때도, 사업의 실패 속에서도 순종하는가를 보십니다.

순종은 위대한 기적을 일으킵니다. 나아만이 순종할 때 문둥병에서 고침을 받았습니다. 베드로가 순종할 때 그물이 찢어질 만큼 고기를 잡았습니다. 가나 혼인 잔칫집에서 하인들이 예수님 말씀에 순종할 때 물이 포도주가 되는 기적을 체험했습니다.

순종하면 하나님의 기적이 일어납니다. 마라의 쓴물이 단물이 되고, 목마른 고통이 해결됩니다. 원망의 자리가 감사, 감격의 자리로 변화되고, 질병이 치료되는 은총의 자리가 됩니다. 그리고 열두 개의 샘과 일흔 그루의 종려나무가 있는 엘림으로 인도하십니다.

"그들이 엘림에 이르니 거기에 물 샘 열둘과 종려나무 일흔 그루가 있는지라 거기서 그들이 그 물 곁에 장막을 치니라"(출 15:27).

어리석은 인생은 이 땅 위에 은신처를 만듭니다. 인맥을 구성하고 돈을 모으고 보험을 들고, 거기에 기대어 안식과 평안을 누리려고 합니다. 그런데 언젠가는 이런 권력이나 건강, 명예나 돈, 인맥의 줄이 다 끊어지는 날이 옵니다. 구원의 줄인 줄 믿고 의지하다가 그 줄이 끊어지면 낙심하고 절망합니다.

우리가 믿는 세상의 줄들은 나의 생명을 맡길만한 든든한 줄이 못 됩니다. 진정한 신앙인이 되는 길은 인생은 약하고 한계가 있다는 사실을 깨닫고 예수님을 붙잡는 것입니다. 철저하게 하나님의 줄을 잡는 것이 세상이나 사탄이 손대지 못하는 승리하는 진짜 믿음입니다.

아직도 마라의 쓴 고통 가운데 계십니까? 조금만 더 인내하고 나가면 엘림이 나타날 것입니다. 가슴 치는 답답한 일이 있습니까? 좌절과 실패의 현장에 서 있습니까? 하나님을 믿고 믿음으로 전진하십시오. 엘림은 마라를 통과해야 도달하는 곳입니다.

청교도들의 인사 중에 '가장 좋은 것은 아직 오지 않았어요.'라는 말이 있습니다. 우리도 아직 엘림에 도착하지 못했습니다. 엘림을 향해 인생 여행을 계속하십시오. 어두운 밤이 지나면 반드시 새벽이 옵니다. 환경 앞에서 원망, 불평하지 말고, 하나님의 말씀을 의지하고 모세처럼 부르짖어 기도하여 문제해결 받기를 바랍니다.

포기하고 싶을 때

　인천제일교회 강기선 목사님은 계양구 논밭에 교회를 어렵게 어렵게 건축하셨는데, 주위에서 청와대에 민원을 넣어서 국토부 조사를 받고 많은 어려움을 겪었다고 합니다. 몇 번이고 몇 번이고 교회를 포기하고 싶었지만, 그때마다 하나님께 기도하고 참고 인내하므로, 기적같이 그린벨트가 해제되어 아파트 단지가 들어서게 되었습니다.

　강 목사님은 너무너무 힘들어서 몇 번이고 포기하고 싶을 때 참지 못하고 포기했더라면 오늘의 간증을 할 수 없었을 것이라며, 목회가 힘들고 어려워도 포기하지 말자고 간증하셨습니다.

　루즈벨트는 가장 힘들고 어려운 시기에 미국의 대통령이 되었습니다. 그는 소아마비로 몸이 불편했지만 믿음으로 승리했습니다. 여호수아서를 가장 많이 읽었다고 하는데, 성경의 수많은 인물 중에서도 여호수아를 가장 존경했다고 합니다.

너무 힘들고 낙심하고 포기하고 싶을 때마다, '강하고 담대하라 땅을 정복하라'는 말씀을 읽으며, "하나님 땅을 정복하고 미래를 정복하고 내가 부딪치는 모든 불가능을 정복하기를 원합니다. 하나님 도와주세요! 하나님 힘을 주세요! 하나님 용기를 주세요!"라고 기도했습니다.

마침내 포기하고 싶을 때 포기하지 않고 장애를 딛고 일어나 세계적인 경제 공황을 극복한 위대한 대통령이 될 수 있었습니다.

이스라엘 백성들이 하나님이 베푸시는 복과 기적으로 요단강을 건너와서 젖과 꿀이 흐르는 가나안 땅을 차지하기 위해서 가장 먼저 점령해야 할 곳이 바로 이 여리고 성이었습니다. 그런데 이 여리고 성은 난공불락의 철옹성이었습니다. 도저히 인간적으로 점령할 수 없는 곳이었습니다.

그러나 여호수아는 하나님께서 이 성을 주시겠다는 말씀을 꼭 믿고, 하나님 말씀대로 제사장 일곱 명에게 양각 나팔을 불게 하고, 하나님의 언약궤를 앞장세우고, 그 뒤로 이스라엘 백성들이 행진하게 했습니다.

하루에 한 번씩 여리고 성을 돌게 했습니다. 그렇게 엿새 동안 돌게 하고 마지막 일곱째 날에는 일곱 바퀴를 돌고 모든 무리가 소리 질러 외칠 때 여리고 성은 무너지고 말았습니다.

하나님을 믿고 신앙 생활하는 우리는, 세상 사람들과 똑같은 방법으로 살아선 안 됩니다. 하나님이 지혜를 주시고 복을 주시고, 하나님이 하셔서 세상 사람들이 할 수 없는 것을 할 수 있도록 도와주셔서 문제를 해결해 주시고, 시험과 환난을 극복하게 해주십니다.

우리 인생에도 직장이라는 여리고 성이 있고, 사업이라는 여리고 성, 가정이라는 여리고 성, 질병이라는 여리고 성이 있습니다. 이런 여러 종류의 크고 작은 견고한 여리고 성이 버티고 있어서 앞길이 막힐 때가 있습니다. 이럴 때 어떻게 해야 합니까? 포기하겠습니까? 뒤로 돌아가겠습니까? 모든 것을 내려 놓고 포기하고 싶을 때, 우리는 하나님의 음성을 들어야 합니다. 하나님이 함께 하심을 믿어야 합니다.

여호수아는 포기하고 싶을 때 어떻게 극복하고 승리했습니까?

나팔을 불라.

"여호수아가 백성에게 이르기를 마치매 제사장 일곱은 양각 나팔 일곱을 잡고 여호와 앞에서 나아가며 나팔을 불고 여호와의 언약궤는 그 뒤를 따르며, 그 무장한 자들은 나팔 부는 제사장들 앞에서 행진하며 후군은 궤 뒤를 따르고 제사장들은 나팔을 불며 행진하더라"(수6:8-9).

일곱 명의 제사장은 맨 앞에서 일곱 양각 나팔을 들고 여호와 앞에서 행진하며 나팔을 불라고 했습니다. 나팔을 불라는 것은 기도하라는 것입니다. 포기하고 싶을 때, 주저앉고 싶을 때 끝까지 포기하지 말고 기도의 나팔을 불라는 것입니다.

일곱 제사장의 나팔 소리는 승리를 선포하는 나팔 소리요, 하나님의 나팔 소리입니다. 군악대나 경찰악대가 부는 나팔이 아니라 하나님의 나팔입니다. 우리가 포기하고 싶을 때 포기하지 않고 하나님 말씀을 믿고 순종하여 기도의 나팔을 불 때, 하나님이 도우시고 환난의 수렁에서 건져 주십니다.

선별된 일곱 제사장이 나팔을 불고, 그 나팔 소리를 들으며 백성들은 기도하며 행군했습니다. 그리고 마지막 날에는 일곱 바퀴를 돌 때, 나팔 소리와 함께 우렁찬 함성을 질렀습니다. 그리고 더 중요한 것은 나팔 부는 제사장 전후방에는 무장한 군인이 호위했다는 사실입니다.

"그 무장한 자들은 나팔 부는 제사장들 앞에서 행진하며 후군은 궤 뒤를 따르고 제사장들은 나팔을 불며 행진하더라"(수6:9).

그 이유는, 성직이 세상 권력 위에 있음을 시사하는 것입니다. 교회의 권위와 성직자의 권위는 언제나 세속의 정권보다 위에 있어야 합니다. 이유는 하나님의 나팔을 불어야 하기 때문입니다. 기도의 나팔을 불어야 하기 때문입니다.

"구하라 그리하면 너희에게 주실 것이요 찾으라 그리하면 찾아낼 것이요 문을 두드리라 그리하면 너희에게 열릴 것이니"(마 7:7).

"아무 것도 염려하지 말고 다만 모든 일에 기도와 간구로, 너희 구할 것을 감사함으로 하나님께 아뢰라, 그리하면 모든 지각에 뛰어난 하나님의 평강이 그리스도 예수 안에서 너희 마음과 생각을 지키시리라"(빌4:6-7).

사업에 실패해서 경기도 과천에서 비닐하우스를 얻어 비참하게 사는 한 사람이 있었습니다. 사업채도 집도 부동산도 모두 경매에 넘어가고, 그에게 남은 것은 아무것도 없었습니다. 절망하고 좌절하여 마지막으로 가게 된 곳이 과천 비닐하우스였습니다.

과천 비닐하우스로 이사한 후, 한 번은 친구가 찾아왔습니다. 그는 친구에게 "이렇게 사느니 차라리 죽는 게 낫겠다."라며 신세 한탄을 했습니다.

친구의 이야기를 몇 시간 동안 묵묵히 듣고 있던 친구가, "여보게, 미안하네. 약속이 있어서 가야겠네."라고 말했습니다. 오랜만에 만났는데, 조금만 더 있다가 가라고 만류했지만, 친구는 교회 예배 시간이 다 되어서 꼭 가야 한다며 자리에서 일어나는 것이었습니다. 그 말에 자기도 모르게 "그럼 나도 좀 데려가게나. 나도 가보고 싶네."라고 부탁했습니다.

친구 따라 처음 교회에 들어선 그는 강단에 있는 십자가를 바라보는 순간 이상하게 마음이 평안해지고 여유로워지는 것을 느꼈습니다. 자신도 모르게 눈물이 흐르고, 비닐하우스에 사는 것도 감사하다는 마음이 생겼습니다.

자신과 가족들 모두가 건강한 것이 감사하고, 모든 게 하나님의 은혜임을 알게 됐습니다. 그때부터 부정적이고 절망적인 생각을 다 버리고 교회에 나가면서 기도하고 찬송하고 하나님께 감사하며 신앙생활을 했습니다. "이제 내 모든 인생을 하나님께 맡깁니다"라고 고백하자 마음이 기쁘고 평안해졌습니다.

그러던 어느 날, 옛친구로부터 전화가 왔습니다. 그 친구는 제약회사 사장인데, 그 회사에서 수입한 화장품의 한국 총판을 맡아달라는 것이었습니다. 생각지도 않은 사업을 하게 되었습니다. 한 평짜리 남의 사무실을 빌려서 사업을 시작했는데, 얼마 안 가서 30평이 됐고, 60평이 됐습니다. 1년 반 만에 큰 사무실을 얻게 되었고, 집도 사게 되었습니다.

그에게 달라진 것이란, 오직 하나님만 믿은 것이었습니다. 하나님을 믿고 의지하고 기도할 때, 하나님이 은혜를 베푸시고 복 주신 것입니다.

포기하고 싶은 환경에서도 하나님을 의지하고 기도하십시오. 강하고 담대하게 살아계신 하나님께 기도의 나팔을 불 때, 여러분 앞에 있는 그 어떤 여리고 성도 무너진다는 것을 믿으시기를 바랍니다.

하나님의 언약궤 뒤를 따르라.

"여호수아가 백성에게 이르기를 마치매 제사장 일곱은 양각 나
팔 일곱을 잡고 여호와 앞에서 나아가며 나팔을 불고 여호와의
언약궤는 그 뒤를 따르며, 그 무장한 자들은 나팔 부는 제사장들
앞에서 행진하며 후군은 궤 뒤를 따르고 제사장들은 나팔을 불
며 행진하더라"(수6:8-9).

이스라엘 백성들이 매일 하루에 한 번씩 여리고 성을 돌 때
마다 하나님의 언약궤도 함께 돌았습니다. 그리고 언약궤 뒤
를 따랐다고 하는데, 언약궤 뒤를 따르라는 말씀은, 오직 하나
님 말씀을 따라가고 하나님 말씀대로 순종하라는 뜻입니다.

하나님의 언약궤 안에는 십계명 두 돌판과 만나를 담은 항
아리, 그리고 아론의 싹 난 지팡이가 들어 있었습니다. 언약
궤는 하나님께서 이스라엘과 함께 하신다는 약속과 은총을
의미합니다.

오벳에돔이라는 사람은 하나님의 언약궤를 얼마 동안 보

관하고 있다가 큰 복을 받았습니다. 그러나 블레셋 사람들은 언약궤를 빼앗아서 말로 표현할 수 없는 재앙을 받았습니다.

하나님의 언약궤가 여리고 성을 돌 때마다 나팔 부는 제사장 바로 뒤에 있었습니다. 이것은 여리고 성 함락 작전에서 승리하려면 하나님의 말씀인 법궤를 바라보고 하나님과 함께하라는 것입니다. 성도는 항상 하나님 말씀인 법궤를 바라보고 순종하며 나갈 때, 하나님의 능력으로 승리할 수 있습니다.

이스라엘 백성들은 하나님의 명령에 따라 하루에 한 번씩 여리고 성을 돌았습니다. 하루에 한 바퀴씩 돌 때 여리고 성벽이 한군데 금이 가고, 다음 날 두 바퀴 돌면 또 벽이 무너지고, 또 한 바퀴 돌면 성벽이 무너져 마지막 날 모두 무너져 내리면 얼마나 좋겠습니까? 그런데 일주일 내내 발이 붙어 터지도록 돌아도 여리고 성은 실금하나 가지 않고 견고하게 그냥 우뚝 서 있었습니다. 아마 수십 번도 더 포기하고 싶었을 것입니다.

열세 바퀴를 돌았을 때까지도 여리고 성은 무너질 기미가 전혀 보이지 않았습니다. 그러나 이스라엘 백성들은 포기하고 싶을 때마다 하나님의 언약궤를 바라보고 용기를 냈습니다. 여리고 성이라는 환경과 상황을 보지 않고 하나님의 말씀인 법궤만 바라보고 나갈 때, 그 견고한 여리고 성이 한순간에 무너져 내렸습니다.

우리는 자기 생각이나 방법, 상식, 경험대로 인생을 살아가려고 하는 경향이 있습니다. 하지만 자기 생각과 경험을 버리고, 오직 하나님 말씀인 언약궤를 따라 끝까지 순종할 때 기적이 일어난다는 것을 깨달아야 합니다.

어떤 성경 신학자가 "한 번의 순종으로 상황이 바뀌지 않을 수 있다. 그러나 온전한 순종은 반드시 상황을 바꾼다."라고 말했습니다.

하나님은 이스라엘 백성들에게 온전한 순종을 원하신 것입니다. 다른 것 보지 말고, 환경이나 상황을 보지 말고, 오직 하나님 말씀만 따라가라는 것입니다. 여러 가지 인생의 문제를 만나서 포기하고 싶을 때, 내 앞에 있는 이 엄청난 여리고 성을 함락시키기 위해서는 순종이 필요합니다.

순종이란 하나님이 말씀하시면 그대로 하는 것입니다. 하나님이 말씀하시는데, 따져보고 생각하고 판단하면 순종이 아닙니다. 하나님의 음성을 듣고 내 머리를 굴려 그 과정을 생각하고 결과를 생각하면 그것은 벌써 순종이 아닙니다.

당장 내가 이해되지 않아도, 이제까지 배운 경험과 이성에 맞지 않아도, 하나님의 말씀, 곧 언약궤만 바라보고 즉각적으로 행동하는 것이 순종입니다. 하나님이 말씀하시면 그냥 즉각적으로 '네, 알겠습니다.' 하는 것이 순종입니다. 그래서 머리 좋고 똑똑한 사람은 순종하기 어려워하는 것을 종종 보게 됩니다.

빌립처럼, 예수님이 말씀하실 때 자기 머리로 생각해보고, '주님! 이건 불가능해요. 이건 도저히 제 생각에는 이해가 안 됩니다. 100% 안 됩니다.'라고 말하는 사람은 하나님의 기적을 볼 수 없습니다.

지혜로운 사람은 성경 66권을 이해하려 들지 않고 믿음의 눈으로 바라봅니다. 본문 말씀도 마찬가지입니다. 하나님이 법궤를 바라보라는 것은 이스라엘 백성들을 향해 순종을 요구하시며 명령하신 것입니다.

"여호와께서 여호수아에게 이르시되 보라"(수6:2).

"엿새 동안을 그리하라"(수6:3).

"언약궤 앞에서 나아갈 것이요"(수6:4).

"백성은 다 큰 소리로 외쳐 부를 것이라 그리하면 그 성벽이 무너져 내리리니 백성은 각기 앞으로 올라갈지니라"(수6:5).

지금 생각하고, 지금 기도하고, 지금 이야기해 보고, 그리고 이해되면 그때 순종하라고 말씀하지 않으셨습니다. "보라", "그리하라", "올라 가라"고 명령하십니다. 즉각적인 순종을 요구하십니다.

여리고 작전은 우리 상식으로 이해가 되지 않습니다. 꼭 어린애 장난 같은 명령입니다. 하나님의 언약궤만 바라보고 하나님 말씀에 순종해서 행진하는 이스라엘 백성들을 바라보고, 여리고 성에 있는 사람들이 '아니, 저것들이 미쳤나. 더위 먹었나?' 하고 비웃고 조롱하지 않았겠습니까? 그래도 그들은 오직 하나님의 언약궤, 말씀만 붙들고 바라보며 하나님의 지시대로 순종해서 행진할 때, 무너질 것 같지 않던 여리고 성이 무너졌습니다.

순종은 머리로 계산해보고 따르는 것이 아닙니다. 하나님이 무슨 말씀을 하면 그냥 '예! 알겠습니다.'라고, 즉각적인 답이 나올 때 진정한 순종입니다.

교회에서도 지도자가 '이렇게 합시다'라고 하면, '예, 알겠습니다.'라고 즉각 순종할 때 교회가 부흥하고 성장하고 복을 받게 됩니다. 반대로 안 되는 교회는 주의 종이 말만 하면 '안 되겠습니다. 제 생각에는…' 이런 말을 합니다. 교회는 되는 곳이지, 안 되는 곳이 아닙니다. 교회는 자기 생각으로 하는 곳이 아니라 하나님 말씀대로 하는 곳입니다. 이런 교회는 부흥도 안 되고 성도들도 복을 받지 못합니다.

기억하십시오. 하나님의 교회에 필요한 사람은 실력 있고 똑똑하고 잘난 사람이 아니라 순종하는 사람입니다. 교회에 잘난 사람이 많으면 잘될 것 같은데, 오히려 분란이 일어나고 시끄러워 집니다.

사람의 똑똑함이 하나님의 역사를 일으키는 것이 아니라, 온전한 순종이 기적을 낳는다는 것을 알아야 합니다. 100% 순종은 하나님의 손길을 움직이게 하고, 문제의 여리고 성을 무너뜨리는 비결입니다.

이스라엘 백성들처럼 포기하고 싶을 때 포기하지 말고, 하나님 말씀을 붙들고 하나님의 언약궤만 바라보고 순종해서 나갈 때 문제의 여리고 성이 무너집니다.

입술의 문을 지켜라.

"여호수아가 백성에게 명령하여 이르되 너희는 외치지 말며 너희 음성을 들리게 하지 말며 너희 입에서 아무 말도 내지 말라 그리하다가 내가 너희에게 명령하여 외치라 하는 날에 외칠지니라 하고"(수6:10).

이스라엘 백성들은 여리고 성을 돌 때 아무 말도 하지 않았습니다. 만약에 그때 '아 힘들다. 야, 너는 안 힘드냐?' '왜 금도 안가지?' '괜히 도는 것 아니야?' 그랬으면 여리고 성은 무너지지 않았을 것입니다.

'너희 음성을 들리게 하지 말며'라는 말은 '왁자지껄 떠들지 말라'는 말입니다. 시끄럽게 '왜 안 무너지냐? 이거 안 무너지는 거 아냐? 너는 어떻게 생각하냐?' 하지 말고 침묵하라는 것입니다. 인간적인 관점에서 볼 때, 여리고 성 정복 작전은 정말 아이들 장난치는 것처럼 말도 안 되는 작전입니다.

하루에 한 번씩 칠 일 동안 여리고 성을 돌면서 눈은 하나님의 언약궤만 바라보고, 귀는 나팔 소리를 향하여 열어 놓고, 입은 꼭 다물고 침묵하라는 것입니다. 이게 말이 됩니까?

하나님이 왜 이스라엘 백성들에게 침묵하라고 말씀하셨습니까? 만일 침묵하라고 안 하셨다면 이스라엘 백성들이 여리고성을 돌면서, '세상에 이런 전쟁이 어디 있어? 아니, 우리가 무슨 산책하러 왔나? 백 번, 천 번 여리고 성을 돌아봐라. 성만 돈다고 이 성이 무너지나.' 이러쿵저러쿵 난리가 났을 것입니다. 온갖 부정적인 말들이 난무했을 것입니다. 그랬으면 여리고 성은 무너지지 않았을 것입니다. 그래서 침묵하라고 명령하신 것입니다. 그리고 외치라 할 때 외치라고 했습니다.

"이에 백성은 외치고 제사장들은 나팔을 불매 백성이 나팔 소리를 들을 때에 크게 소리 질러 외치니 성벽이 무너져 내린지라 백성이 각기 앞으로 나아가 그 성에 들어가서 그 성을 점령하고"(수 6:20).

하나님이 외치라 할 때 외쳤더니 여리고 성이 무너졌습니다. 포기하고 싶을 때 이 입술의 문을 잘 지킬 때 하나님이 역사하시고 도와주십니다.

"우리 가운데서 역사하시는 능력대로 우리가 구하거나 생각하는 모든 것에 더 넘치도록 하실 이에게"(엡 3:20).

침묵하라 하신 것은, 말한 대로 되기 때문입니다. 가나안 땅을 정탐하고 돌아와서 부정적인 말로 보고했던 열 명은 그들의 말대로 모두 가나안 땅에 들어가지 못했습니다. 그러나 긍정적인 말을 했던 여호수아와 갈렙은 젖과 꿀이 흐르는 가나

안 땅에 들어갔습니다.

"여호와여 내 입에 파수꾼을 세우시고 내 입술의 문을 지키소
서"(시141:3).

탈무드에 보면 "입을 다물 줄 모르는 사람은 문을 닫지 않
고 사는 집과 같다."라고 했습니다. 입을 여는 것은 집 대문
을 여는 것과 같습니다. 문을 열어 놓으면 도둑과 강도가 들
어옵니다.

마찬가지로 우리가 입을 열어 쓸데없는 소리를 하면, 그것
으로 인해 분쟁과 싸움과 다툼이 일어날 수 있습니다. 하나님
앞에 침묵을 지켜야 합니다. 입을 다물고 순종하는 믿음과 신
앙을 가져야 합니다.

세상적인 말을 하지 말고 기도의 나팔소리만 내고, 하나님
의 음성만 듣고 그 말씀에 순종하여 외치라 할 때 외치면 문제
의 여리고 성이 무너집니다.

분당 모 교회에 다니는 임○○ 안수집사님이 건설회사를 운영하는데 수금이 안 되고 아파트 분양도 안되서 결국 사업이 기울어 가다가 부도가 났습니다.

설상가상 오른팔에 통증이 생겼는데, 점점 더 심해지더니 손가락도 못 쓸 정도가 됐습니다. 다급한 마음에 병원에서 MRI를 찍은 결과, 어깨에서 팔로 내려오는 혈관 중 하나가 끊어져서 앞으로는 육체적 노동이나 심한 일은 할 수 없다고 했습니다.

나름대로 열심히 생활하며 신앙생활도 꾸준히 해왔는데, '왜 나에게 이런 어려움이 찾아왔는가? 모든 일에 열정을 쏟으며 성실하게 살아왔는데, 사업도 실패하고 팔까지 못 쓰게 된 것이 이 모든 수고의 대가란 말인가?' 하는 의문이 머릿속에 맴돌았습니다. 현실을 받아들이기 너무 힘들어 급기야 하나님 원망하며 모든 소망을 잃어버리고 말았습니다. 그의 몸과 맘은 황폐해지고 결국 죽어버리자는 생각이 났습니다.

절망 중에 어느 날, 지푸라기라도 잡는 심정으로 마지막으로 기도하는 길밖에 없다는 생각이 들었습니다. 그때 그는 목숨을 걸고 21일 다니엘 금식기도를 시작했습니다. 죽으면 죽으리라는 마음으로 금식 기도하는데, 일주일째 되니 입술이 바싹 마르고 숨이 가쁘고 온몸에 통증이 와서 견딜 수가 없었습니다. 포기하고 싶었지만, 끝까지 참고 기도했습니다.

어느 날 새벽기도 때 하나님 말씀을 듣다가 마음에 감동이 되어 하나님 뜻보다 내 뜻을 앞세우고 내 계획을 앞세운 것을 깨닫고 회개 눈물을 흘렸습니다. 하나님을 원망했던 죄, 사람들에게 상처를 준 죄를 낱낱이 회개했습니다. 회개하고 나자 마음속에 주체할 수 없는 감사와 기쁨이 임했습니다.

아픈 것도 감사가 되고, 사업이 실패한 것도 감사가 되고, 세상이 달라 보이기 시작했습니다. 끝까지 금식기도를 마치고 나서 몸과 마음을 추스르고 나니, 하나님께서 다시 사업을 시작하도록 인도하셨습니다.

범사에 감사하니 일도 잘됐습니다. 한번은 거래처에 수금하러 몇 번이나 갔는데 약속을 어겼지만, 오히려 '감사합니다' 했더니, 나중에는 그 거래처에서 돈을 가져와서 '감사하고 행복해하는 비결이 뭡니까?'라고 물었습니다. 그때 집사님은 '예수 믿으면 됩니다'라고 했습니다.

　모든 것을 내려놓고 싶을 때, 모든 것을 포기하고 싶을 때, 살아계신 하나님을 믿고 신뢰하십시오. 기도의 나팔을 부십시오. 하나님의 언약궤만 바라보고 순종하며 나가십시오. 부정적인 입술을 닫고 하나님이 외치라고 할 때 외칩시다.

　값비싼 진주도 조개 속으로 이물질이 들어와 부드러운 조갯살을 고통스럽게 하지만, 너무 아파서 자꾸 진액을 쏟아내서 감싸 주다 보니까 나중에는 아름답고 고귀하고 값비싼 진주를 만들게 되는 것입니다.

　고통과 실패를 경험하지 않으면 위대한 인물, 성공하는 인물이 될 수 없습니다. 어떠한 역경과 시련 속에서도 절망이나 좌절하지 말고 기회로 삼아야 합니다. 모든 것을 포기하고 싶을 때, 그때가 하나님을 만나는 기회가 되고, 응답받는 기회가 되고, 하나님의 기적을 보는 기회가 되고, 하나님의 큰 복을 받는 기회가 된다는 것을 잊지 않기를 바랍니다.

축복의 우물을 파라

세상을 살다 보면 좋은 일도 있고 나쁜 일도 있습니다. 그러므로 힘들고 어려운 일을 당하고 고통을 겪을 때도 낙심이 되고 절망이 돼서 주저앉고 싶을 때가 오더라도 결코 낙심하고 주저앉지 마십시오.

위기가 올 때는 '어떻게 하면 이 어려움을 극복할 수 있을까?' 생각하며 기도하고 더욱 노력하고 힘써야 됩니다. 그렇게 할 때 하나님께서 도와주십니다.

우물을 판다는 것은 결코 쉬운 일이 아닙니다. 그것도 메마른 광야에서 우물을 판다는 것은 더구나 쉬운 일이 아닐 것입니다. 그러나 이삭은 그 어려움을 무릅쓰고 우물을 팜으로써 하나님의 도우심을 체험했고, 하나님이 주시는 복과 위로를 넘치도록 받았습니다.

　가나안 땅에 흉년이 들자 이삭은 흉년을 피해 애굽으로 내려가고자 했습니다. 그때 하나님은 이삭에게 나타나셔서 애굽으로 내려가지 말고 하나님께서 지시하신 땅에 있으라고 말씀하셨습니다. 그렇게 하면 땅을 주시고 자손과 재물의 복도 주시겠다고 약속하셨습니다. 그래서 이삭은 하나님의 말씀대로 그랄 지방에 머물렀습니다. 그 결과 이삭은 그해 농사를 지어 백 배 수확을 얻었고, 창대하고 왕성하여 마침내 거부가 되었습니다.

　그러자 블레셋 사람들이 이삭을 시기하여 아버지 아브라함 때 파놓았던 우물들을 메꾸어 버렸습니다. 비가 적고 건조한 팔레스타인 땅에서 우물은 사람과 양 떼들에게 물을 공급해 주는 생명줄과 같은 것입니다. 그래서 우물을 막거나 메우는 행위는 전쟁을 선포하는 것과 같습니다. 블레셋 사람들이 이삭의 우물을 메운 것은 이삭에게 그 땅을 떠나라는 말과 다름없습니다.

그럼에도 불구하고 이삭이 점점 더 강성해지자, 두려움을 느낀 아비멜렉 왕이 이삭에게 그 땅을 떠나달라고 했습니다. 이삭은 아무런 대항도 하지 않고 그곳을 떠났고, 계속된 시기와 질투로 우물을 팔 때마다 빼앗기고, 네 번이나 우물을 파야만 했습니다. 물론 싸울 수도 있고 전쟁할 수도 있었지만, 이삭은 할 수만 있으면 평화를 원했기에 양보하고 인내했습니다. 그러기에 이삭은 하나님께서 함께 하시는 복 받은 삶을 살 수 있었습니다.

하나님이 주시는 은혜와 복을 받기 위해서는 어떻게 해야 합니까?

하나님의 말씀을 믿고 인내하며 양보하라.

"이삭이 그 곳을 떠나 그랄 골짜기에 장막을 치고 거기 거류하며, 그 아버지 아브라함 때에 팠던 우물들을 다시 팠으니 이는 아브라함이 죽은 후에 블레셋 사람이 그 우물들을 메웠음이라 이삭이 그 우물들의 이름을 그의 아버지가 부르던 이름으로 불렀

더라. 이삭의 종들이 골짜기를 파서 샘 근원을 얻었더니, 그랄 목
자들이 이삭의 목자와 다투어 이르되 이 물은 우리의 것이라 하
매 이삭이 그 다툼으로 말미암아 그 우물 이름을 에섹이라 하였
으며"(창26:17-20).

이삭이 그랄 골짜기에서 우물을 파자 그랄 사람들이 와서
그 우물은 자기들 것이라고 우겼습니다. 이 다툼으로 인하여
우물 이름을 '싸움, 다툼, 강탈'이란 의미로 '에섹'이라 이름
붙였습니다. 그리고 그들과 다투지 않고 양보했습니다. 다시
말하면 그들에게 은혜를 베푼 것입니다.

싸움이나 분쟁이 일어날 때 끝까지 싸우는 것도 중요하지
만, 때로는 기도하며 하나님께서 나와 함께 하실 것을 믿고 양
보하는 것도 큰 복이 됩니다.

아브라함은 하나님의 부르심을 받고 본토 친척 아버지 집
을 떠날 때 조카 롯을 데리고 함께 떠났습니다. 그런데 창세기
13장에 보면, 아브라함과 롯이 헤브론에 있을 때 아브라함의
목자와 롯의 목자가 서로 좋은 꼴과 물을 먹이려고 자꾸 다투

는 일이 생겼습니다.

그때 아브라함은 조카 롯에게 서로 다투지 말고 떨어져 살자고 하면서, '네가 좌하면 나는 우하고, 네가 우하면 나는 좌하리라'고 선택권을 양보했습니다. 이로 인해 조카 롯은 물이 풍부하고 비옥한 요단강의 소돔과 고모라 평지를 선택했고, 아브라함은 척박한 땅을 차지하게 됐습니다.

인간적인 욕심으로 소돔과 고모라 쪽을 선택한 롯은 하나님의 불심판으로 망했고, 메마르고 척박한 땅을 선택한 아브라함은 하나님의 복을 받아 오히려 번창하고 거부가 되었습니다.

오늘날 많은 사람들이 서로 좋은 것을 많이 차지하겠다고 싸움을 쉬지 않지만, 하나님은 평화를 사랑하고 양보하는 사람들을 기뻐하시고, 그들과 함께 해주십니다.

"너희에게 인내가 필요함은 너희가 하나님의 뜻을 행한 후에 약속하신 것을 받기 위함이라"(히10:36).

하나님의 약속을 믿는 사람은 양보하고 인내할 줄 아는 사람입니다.

대개 사업하는 사람들을 보면 돈을 벌기 위해 수단과 방법을 가리지 않는 것을 봅니다. 그러나 정말 큰일 하는 사람은 돈 벌기 전에 손해도 볼 줄 알아야 합니다. 작은 손해를 보고 나면 큰 손해를 막을 수 있습니다. 그런데 많은 사람이 작은 손해를 안 보려고 발버둥을 치다가 결국에는 큰 손해를 보고 맙니다.

믿음으로 사는 사람들은 좀 양보하고, 손해 봐도 괜찮다는 마음으로 살아야 합니다. '내가 좀 손해 보고 살지' 하는 사람에게는 결국 하나님이 복과 보상을 해주십니다.

농부가 밭에 씨를 뿌리는 것처럼 하나님 말씀에 순종해서 양보의 씨앗을 뿌리고 믿음을 가지시기 바랍니다. 그러면 하나님께서 가장 좋은 때 수십 배, 수백 배로 되돌려 주실 것입니다.

절대로 원수를 대적하지 말고 악을 선으로 갚으라.

"또 다른 우물을 팠더니 그들이 또 다투므로 그 이름을 싯나라 하였으며"(창26:21).

이삭이 다시 다른 곳에 우물을 팠을 때, 그랄 목자들은 또다시 그 우물도 자신들의 것이라며 우기며 다툼을 벌였습니다. 정당한 권리도 없이 약탈자처럼 쳐들어와서 빼앗으려고 했습니다.

그런데 이삭은 이번에도 그들과 싸우지 않고 그들을 선으로 대했습니다. 그리고는 아무 일 없었다는 듯이 다른 곳으로 옮겨서 우물을 팠습니다. 그리고 우물의 이름을 '대적, 원수'라는 의미로 '싯나'라고 이름을 지었습니다.

이삭이 우물을 팠던 그 지역은 물이 잘 나오는 지역이 아니었습니다. 그러나 하나님께서 이삭과 늘 함께 하셨기 때문에 이삭이 우물을 팔 때마다 광야인 그곳에서 물줄기가 솟아오르게 해주셨습니다. 양보하는 이삭에게 하나님이 늘 새로운 복을 허락해 주셨습니다.

창세기 50장을 보면 요셉은 형들의 시기와 질투로 억울하게 애굽에 종으로 팔려갔고, 또 보디발 장군집에서 억울하게 누명 쓰고 감옥까지 갔습니다. 그러나 하나님께서 요셉과 함께 하시므로 애굽의 국무총리가 됐습니다. 그리고 형들이 사는 곳에 흉년이 들어 양식을 구하러 애굽으로 내려왔을 때는, "두려워 마소서. 내가 하나님을 대신하오리이까. 당신들은 나를 해하려 하였으나 하나님은 그것을 선으로 바꾸사 오늘과 같이 만민의 생명을 구원하시려 하였나이다"(창50:19-20)라고 하며 형들을 선하게 대해 주었습니다.

사무엘상 24장을 보면 다윗이 사울 왕의 칼을 피해 도망 다니고 있을 때, 다윗은 사울 왕을 죽일 수 있는 수많은 기회가 있었지만, 하나님이 기름 부어 세우신 종을 해할 수 없다며 사울 왕을 죽이지 않았습니다. 하나님은 다윗의 그 모습을 보고 축복하셔서 다윗은 결국 이스라엘의 2대 왕이 되어 부강한 통일 왕국을 이루게 되었습니다.

"네 원수가 배고파하거든 음식을 먹이고 목말라하거든 물을 마시게 하라. 그리 하는 것은 핀 숯을 그의 머리에 놓는 것과 일반이요 여호와께서 네게 갚아 주시리라"(잠25:21-22).

"너희를 박해하는 자를 축복하라 축복하고 저주하지 말라"(롬12:14).

하나님이 주신 축복권과 저주권이 우리에게도 있습니다. 어려움이 닥칠 때, 원수에게 오히려 선을 베풀고 은혜를 베풀면 하나님께서 우리에게 상을 주십니다.

우리가 굶주리고 있는 아프리카나 북한 동포들을 도와주는 것은 하나님의 사랑을 실천하는 것입니다. 우리가 하나님의 사랑으로 그들을 도와주면, 언젠가 하나님은 그보다 더 풍성한 은혜와 복으로 채워주십니다.

하나님께서 장소를 넓혀주시고 번성하게 하신다.

"이삭이 거기서 옮겨 다른 우물을 팠더니 그들이 다투지 아니 하였으므로 그 이름을 르호봇이라 하여 이르되 이제는 여호와께 서 우리를 위하여 넓게 하셨으니 이 땅에서 우리가 번성하리로다 하였더라"(창26:22).

이삭이 싸우지 않고 우물을 양보하고 다른 곳으로 가서 우 물을 팠더니 더 이상 그들이 대적하지 아니하므로 그 우물을 르호봇이라 했는데 이는 '넓은 지역'이란 뜻입니다. 하나님께 서 넓은 땅으로 인도해주셨다는 고백입니다. 이삭은 그곳에 서 평화와 안식을 얻고, 자손과 양 떼가 번성하고 부자가 될 수 있었습니다.

"하나님이 그들에게 복을 주시며 하나님이 그들에게 이르시되 생육하고 번성하여 땅에 충만하라, 땅을 정복하라, 바다의 물고 기와 하늘의 새와 땅에 움직이는 모든 생물을 다스리라 하시니 라"(창1:28).

"그러나 온유한 자들은 땅을 차지하며 풍성한 화평으로 즐거 워하리로다"(시37:11).

"온유한 자는 복이 있나니 그들이 땅을 기업으로 받을 것임이요"(마5:5).

장재우 장로님은 젊어서 미국으로 이민을 갔습니다. 미국 공항에서 조그마한 사무실을 얻어서 직원 한 사람을 두고 비행기와 트럭으로 화물을 배달해주는 배송회사를 운영했습니다.

회사는 근근이 생활할 정도로 유지되었습니다. 그런데 불황이 닥쳐 회사가 타격을 입었습니다. 거래처가 끊기고 생활이 너무 어려워지고 고민이 생겼습니다. 그때서야 하나님 앞에 열심히 기도 생활을 하지 않은 것이 후회가 되었습니다.

교회 담임목사님을 찾아가서 상담하면서, "목사님, 제가 너무 힘들어서 지금 제일 부족한 것이 무엇인가 생각해보니 기도를 안 한 것 같아요. 이제부터라도 기도해야겠어요."라고 고백했습니다.

그리고는 교회 열쇠를 달라고 해서, 퇴근 후에는 매일 한 시간씩 기도했습니다. 기도하고 퇴근하고, 새벽에도 기도하러

나갔습니다. 너무 피곤해서 일어날 수가 없는 지경인데도 장로님이 교회 열쇠를 가지고 있기 때문에 장로님이 새벽기도에 안 나가면 다른 성도님들이 새벽기도를 못하는 상황이어서 피곤한 몸을 이끌고 매일 새벽마다 제일 먼저 가서 문 열어주고 기도하고 출근하기를 6개월을 했습니다.

그러던 어느 날, 회사에 팩스 한 장이 왔습니다. 영국의 큰 물류회사에서 온 편지였습니다. 당신의 회사에서 우리 물류를 옮겨줄 수 있냐는 것이었습니다. 그런데 아무리 생각해봐도 이 조그마한 회사에서는 그 물류회사의 많은 물량을 감당할 수가 없었습니다.

직원도 없고, 체인점도 없었습니다. 그래서 장로님은 도저히 우린 안된다고 생각했습니다. 왜냐하면 제시간에 배달하지 못하면 손해배상을 해줘야 하기 때문입니다. 도저히 감당할 수 없다고 생각했습니다.

그런데 그 다음 날 새벽에 기도하는데, 하나님께서 확신을 주셨습니다. "야, 장 장로야. 너 한번 해봐라. 내가 너를 도와

줄게." 하나님이 기도를 통하여 마음에 용기를 주시고 믿음을 주신 것입니다. 장로님은 "하나님, 저는 아무런 힘도 없지만 하나님만 믿고 해보겠어요."라고 고백했습니다.

장로님은 하나님만 믿고 나름대로 철저히 준비해서 영국 물류회사의 물품을 받아서 전 세계에 약속한 날짜에 완벽하게 배송을 끝냈습니다. 기적 같은 일을 감당해 낸 것입니다. 그러자 영국 회사에서 감사하다는 팩스가 왔어요. 이렇게 철저하고 정직하게 일 처리를 해준 곳은 처음 봤다며 감사 인사를 전해왔습니다.

그러자 회사가 입소문이 나기 시작했고 주문이 쇄도하고 번창하기 시작했습니다. 지금은 외국에 10개의 체인점이 생겼고, 장로님은 사장이 돼서 비행기 타고 점검만 하러 다니고 있습니다. 한국의 거대한 회사들도 장로님의 회사를 통해 미국이나 유럽으로 물류를 보내고 있다고 합니다.

장 장로님은 우물이 말랐던 분입니다. 사업의 우물이 막혀서 고통 가운데 있었지만, 새벽기도를 하다가 샘의 근원을 찾은 것입니다. 하나님을 만났고, 하나님을 만나니까 인생이 달라진 것입니다.

여러분도 하나님을 믿고, 의지하고, 기도하는 사람이 되십시오. 하나님께서 복의 물줄기를 터트려 복을 넘치게 주십니다. 이 큰 복을 다 받을 수 있기를 바랍니다.

하나님께 감사의 제단을 쌓아라.

"이삭이 거기서부터 브엘세바로 올라갔더니, 그 밤에 여호와께서 그에게 나타나 이르시되 나는 네 아버지 아브라함의 하나님이니 두려워하지 말라 내 종 아브라함을 위하여 내가 너와 함께 있어 네게 복을 주어 네 자손이 번성하게 하리라 하신지라. 이삭이 그 곳에 제단을 쌓고, 여호와의 이름을 부르며 거기 장막을 쳤더니 이삭의 종들이 거기서도 우물을 팠더라" (창26:23-25).

"그 날에 이삭의 종들이 자기들이 판 우물에 대하여 이삭에게 와서 알리어 이르되 우리가 물을 얻었나이다 하매, 그가 그 이름을 세바라 한지라 그러므로 그 성읍 이름이 오늘까지 브엘세바더라"(창26:32-33).

하나님이 함께 하는 사람은 어디서 무슨 일을 하든지 헛수고하지 않습니다. 하나님께서 땀 흘린 만큼 갚아 주시고 은혜를 베풀어 주시기 때문입니다.

이삭은 브엘세바로 올라갔습니다. 브엘세바는 아브라함이 하나님께 제단을 쌓았던 곳입니다. 그곳에서 하나님은 이삭과 함께 해주시고 복을 주셨습니다. 그리고 이삭은 자손이 번성하리라는 복된 말씀을 듣고 하나님께 감사의 제사를 드렸습니다.

하나님이 주시는 복으로 이삭이 브엘세바에서 점점 강성해지자, 그랄의 아비멜렉 왕은 이삭을 찾아와서 화평 조약을 맺자고 청했습니다.

"아비멜렉이 그 친구 아훗삿과 군대 장관 비골과 더불어 그랄에서부터 이삭에게로 온지라. 이삭이 그들에게 이르되 너희가 나를 미워하여 나에게 너희를 떠나게 하였거늘 어찌하여 내게 왔느냐, 그들이 이르되 여호와께서 너와 함께 계심을 우리가 분명히 보았으므로 우리의 사이 곧 우리와 너 사이에 맹세하여 너와 계약을 맺으리라 말하였노라. 너는 우리를 해하지 말라 이는 우리가 너를 범하지 아니하고 선한 일만 네게 행하여 네가 평안히 가게 하였음이니라 이제 너는 여호와께 복을 받은 자니라. 이삭이 그들을 위하여 잔치를 베풀매 그들이 먹고 마시고, 아침에 일찍이 일어나 서로 맹세한 후에 이삭이 그들을 보내매 그들이 평안히 갔더라"(창26:26-31).

이삭은 그들과 조약을 맺고 잔치를 베풀 때, 브엘세바에 파 놓은 우물에서 물이 솟아 올라왔습니다. 이삭은 그 우물의 이름을 '세바' 즉 '맹세'라고 하였습니다.

"내게 토단을 쌓고 그 위에 네 양과 소로 네 번제와 화목제를 드리라 내가 내 이름을 기념하게 하는 모든 곳에서 네게 임하여 복을 주리라"(출20:24).

하나님 앞에 예배를 드리고 감사의 제물을 드릴 때, 하나님이 복 주시고 기적을 체험하게 하십니다. 우리가 감사와 기쁨으로 하나님 앞에 나올 때, 하나님은 우리와 함께 하십니다. 감사하는 마음은 하나님의 크신 은총을 받게 합니다. 그러므로 우리는 그 어떤 어려움이나 고난이 있어도 늘 감사하는 신앙을 가져야 합니다.

삶 가운데 원망이나 불평이나 믿음을 허물어뜨릴 만한 일이 생긴다 할지라도, 하나님을 신뢰하고 하나님께 감사하며 하나님 말씀을 좇아 묵묵히 살아간다면 하나님은 우리 삶에 풍성한 복을 주실 것입니다.

인간의 절망은 하나님의 소망이요, 인간의 실패는 하나님의 기회입니다. 어떠한 절망이나 실패를 만났다 할지라도 천지를 창조하시고 생명을 만드신 하나님을 바라보고 나가시기 바랍니다.

이삭은 하나님에 대한 믿음이 있었기에 계속되는 시기와 질투의 어려움 속에서도 끝까지 좌절하지 않고 에섹과 싯나, 르호봇, 세바라는 네 곳에 우물을 팠습니다. 그리고 그때마다 늘 새로운 하나님의 은총을 체험할 수 있었습니다. 여러분도 하나님을 바라보고 약속을 믿고 이삭처럼 우물을 파시기 바랍니다.

어려운 일을 당하여 낙심할 때, 우리가 연약함에도 불구하고 하나님 앞에 나아가 기도하고 예배함으로 영적인 우물을 파면, 하나님께서 그 우물에서 생수가 솟아나도록 만들어 주실 것입니다.

세상 사람들은 어려운 일을 당하면 낙심하고 절망합니다. 술 마시고 탄식하여 때로는 자살하기도 합니다. 그러나 믿음의 사람들은 하나님을 바라보고, 약속의 말씀을 믿고 소망의 우물을 파야 합니다. 그러면 하나님께서 인생의 우물에 마르지 않는 샘물이 솟아나게 하실 것입니다.

내게 닥치는 고난을 인내와 선으로 이겨서 하나님의 크신 복을 받고, 감사의 단을 쌓을 수 있기를 바랍니다.

맺는 말

부활하신 예수님은 두려움에 떨고 있는 제자들에게 "너희에게 평강이 있을지어다."(눅24"36)라고 말씀하셨습니다. 죄의 고난의 짐을 해결해주신 하나님의 마음이 담긴 '사랑의 메시지'라고 생각합니다.

하나님은 우리에게 평안과 복과 은혜 주시기를 원하십니다 (민6:22-27). 그러나 하나님은 "나를 단련하신 후에는 내가 순금 같이 되어 나오리라."(욥23:10)는 말씀처럼, 보다 더 나은 신앙과 삶을 위해서 때로는 환난이나 고난을 만나게도 하십니다.

인생의 역경을 만난 사람들의 일반적인 반응은 낙심과 두려움에 휩싸여 절망하고 포기합니다. 하지만 믿음의 사람은 남

다른 신앙의 태도를 보입니다.

임마누엘 하나님을 바라보며 긍정적으로 말하고 행동합니다(사41:10). 환난과 고난에도 복된 미래를 기대합니다(렘29:11). 합력하여 선을 이루시는 하나님을 절대 신뢰합니다(롬8:28). 창조주 하나님을 기대하며 기도합니다(막9:29). 이것이 믿음 있는 자의 아름다운 모습입니다.

믿음의 사람은 불황과 실패 속에서도 꿈과 비전을 기도하며 이루어 나갑니다. 어떤 불황도 '여호와 이레' 하나님의 능력을 믿고 전진합니다. 부정적인 말보다 긍정적인 말을 하며 불황을 극복하고 승리합니다. 그럴 때 하나님이 주시는 참된 복과 은혜와 평강을 경험하게 되는 것입니다.

"생각하건대 현재의 고난은 장차 우리에게 나타날 영광과 비교할 수 없도다."(롬8:18)라는 말씀을 가슴에 담고 하나님으로부터 '불황을 극복하는 힘'을 얻어 이기는 자가 되시길 바랍니다.

박응순 목사의 저서

하늘 소망

교회성장연구소 | 10.000원

하늘에 속한 소망을 품는 것이 그리스도인의 첫번
째 과제라는 사실을 확신시키기 위해 쓰여진 책이다.

날마다 가슴을 뛰게 하는 묵상

엘맨출판사 | 12.000원

성경을 바탕으로 오랜 시간 묵상에 성공한 이들의 경
건한 글을 모아 묵상에 도움을 주기 위해 편집한 책

부모님의 테마기도

엘맨출판사 | 12.000원

크리스천 부모들이 성경과 기도로 자녀를 양육하는
것을 돕기 위한 책이다. 자녀 신앙교육의 답이 있다.

성공의 힘

쿰란출판사 | 12.000원

이 책은 꿈과 비전, 깡과 긍정, 끈기와 인내, 끼와 순
발력, 꼴과 품성의 5가지 주제를 통해 성공의 힘이
가지고 있는 요소가 무엇인지 보여준다.

소통과 응답이 있는 파워대표기도

엘맨출판사 | 13,000원

기도를 처음하는 사람, 기도의 방법을 모르는 사람을
위한 대표기도문이다.

아름다운 77가지 이야기

엘맨출판사 | 10,000원

국민일보 "겨자씨" 칼럼란에 기고했던 아름다운 이
야기들을 모아서 엮은 것이다.

그림을 읽으면 성경이 보인다

엘맨출판사 | 16,800원

성경의 내용을 스토리텔링과 명화에 대한 해설을 통
해 성경을 풍성하게 경험할 수 있도록 했다.

세상을 구원하는 기독교의 공식

쿰란출판사 | 12,000원

'기독교란 무엇인가'에 대한 근본적인 질문과 대답을
제시하는 책이다.

불황을 극복하는 힘

초판1쇄   2022년 3월 13일

지 은 이   박웅순
펴 낸 이   이규종
펴 낸 곳   엘맨출판사
등록번호   제2020-000033호(1985.10.29.)
등록된곳   서울시 마포구 토정로 222
             한국출판콘텐츠센터 422-3
전   화   (02) 323-4060, 6401-7004
팩   스   (02) 323-6416
이 메 일   elman1985@hanmail.net
             www.elman.kr

ISBN   ISBN 978-89-5515-014-8   03230

값 12,000 원